KINDERFREI STATT KINDERLOS

VERENA BRUNSCHWEIGER

KINDERFREI STATT KINDERLOS

Ein Manifest

BÜCHNER-VERLAG
Wissenschaft und Kultur

ISBN (Print) 978-3-96317-148-2
ISBN (ePDF) 978-3-96317-663-0
ISBN (ePUB) 978-3-96317-679-1

Bildnachweis Cover: zettberlin | photocase.de
Autorinnenfoto: Juliane Zitzlsperger | neverflash

Satz und Umschlaggestaltung: DeinSatz Marburg | tn

Druck und Bindung: Schaltungsdienst Lange oHG, Berlin
Printed in Germany

Die verwendeten Druckmaterialien sind zertifiziert als FSC-Mix.

Bibliografische Informationen der Deutschen Nationalbibliothek

Die Deutsche Nationalbibliothek verzeichnet diese Publikation in der Deutschen Nationalbibliografie, detaillierte bibliografische Angaben sind im Internet über http://dnb.de abrufbar.

www.buechner-verlag.de

Stell dir vor, jegliche Fortpflanzung würde eingestellt, dies würde nur bedeuten, dass es keinerlei Zerstörung mehr gäbe.
Mahatma Gandhi

Ein neues Kind: oh wieviel neuer Schmutz kam auch zur Welt! Voll ist die Erde von Überflüssigen, verdorben ist das Leben durch die Viel-zu-Vielen. (…) Viel zu Viele werden geboren: für die Überflüssigen ward der Staat erfunden!
Friedrich Nietzsche, Also sprach Zarathustra

To bear children into this world is like carrying wood to a burning house.
Peter Wessel Zapffe

Inhalt

Ouvertüre

Eine Geburtstagsfeier ist eine lustige Angelegenheit, bei der die Person im Mittelpunkt steht, die gerade ein Jahr älter geworden ist. Möchte man zumindest meinen. Es gibt aber auch andere Partys. Die Jubilarin ist in diesem Fall eine Frau, die ihren 40. Geburtstag feiert. Und plötzlich sitzt man dann da, an einem Tisch mit ein paar anderen Gästen, die ausschließlich ein Thema zu kennen scheinen: Kinder. Es geht mit Kinderschwimmen los, danach dreht sich das Gespräch allgemein um Kinderturnen (in diesem Zusammenhang natürlich auch eine geschlagene Viertelstunde um Kinderturnschuhe), schließlich um Urlaub mit Kindern. Als kinderfreier Mensch sitzt man daneben und fragt sich, ob man das alles gerade träumt. Sicher hat man auch mal versucht, der Konversation eine andere Richtung zu geben, aber weitgehend erfolglos. Es wirkt so, als sei Interesse an Themen, die nichts mit Kindern zu tun haben, sehr gering. Dabei war man schon höflich und hat sich gespart, die Assoziation Kinderschwimmen – vollgepinkeltes Wasser/Becken laut auszusprechen. Leicht gefrustet begibt man sich in einen Nebenraum und erlaubt sich, die beschränkten Gespräche an seinem Tisch zu erwähnen. Man bekommt daraufhin zu hören, dass sich das Leben

eben ziemlich verändere, wenn man Kinder habe. Aha. Offenbar geht das so weit, dass man sich nicht mehr um den Dialog mit Leuten bemüht, die sich anders entschieden haben. Aber sich beklagen, dass die »Kinder*losen*« sich nicht mehr melden bei frisch gebackenen Eltern. Vielleicht hat das ja damit zu tun, dass Letztere nur noch um das Neugeborene herumtanzen und emotionale Geschichten der einstigen Freunde mittendrin irritierend unterbrechen mit Ausrufen wie »Oooh, jemand braucht eine neue Windel, glaub ich!« oder »Jaja, warte mal, kannst du schnell den Schnuller aufheben? Der müsste unter deinem Stuhl liegen...«.

Vielleicht gibt es gute Gründe, warum sich viele Kinderlose nicht mehr als solche bezeichnen, sondern als Kinder*freie*? Die angloamerikanische Theorie weist in diesem Zusammenhang zu Recht darauf hin, dass das Wort »childless« negativ konnotiert ist: das Suffix -less erinnert schließlich auch an *less*, weniger. Als wäre es ein Makel, keine Kinder zu haben. Als wäre man weniger Frau, oder zumindest eine weniger wertvolle, weil man sich seiner angeblich biologischen Bestimmung entzogen hat.

In diesem Buch soll es *nicht* um Leute gehen, die unheimlich gern Kinder hätten, aber keine bekommen können, obwohl sie sich zum Beispiel gefährlichen, kostspieligen Hormontherapien etc. unterziehen. Diese Personen sind nicht kinderfrei, sie sind tatsächlich kinder*los*. Im Fokus stehen in diesem Buch Frauen, die sich absichtlich, nach reiflicher Überlegung und aus völlig freien Stücken gegen die Reproduktion entscheiden. Sie empfinden ihren »Zustand« dementsprechend auch nicht als Mangel, ganz im Gegenteil. Daher ist der Begriff »kinderfrei« von grundlegender Bedeutung. Ähnlich wie schon bei den *freemales* (Frauen, die absichtlich und gern ohne Partner leben) ist den Leuten, die sich als *childfree* oder eben außerhalb des angloamerikanischen Sprachraums als kinder*frei* bezeichnen, gerade dieses Freiheitskonzept sehr wichtig. Kinder*los* klingt nach einem Defizit, erinnert an arbeitslos. Kinderfrei hingegen betont die Vielzahl der Möglichkeiten, die sich einem eröffnen, wenn man nicht ununterbrochen und hundertprozentig für jemand Minderjähriges verantwortlich ist – und das auch nicht sein möchte. Die Wichtigkeit dieser begrifflichen Differenzierung betont auch Tracy Kind, eine Autorin und Produzentin, die mit ihrem Partner in London lebt. Sie findet, dass der neuere Ausdruck die volle Sprengkraft transportiert, die in diesem Modell enthalten ist: Kinderfrei leben heißt, gegen soziale Erwartungen zu rebellieren und die Normen der Gemeinschaft herauszufordern. Sie spricht mit selbstverständlicher Flapsigkeit von Tatsachen, die man in Deutschland vielen Leuten erst mühselig erklären muss: dass man als Frau seit Jahrtausenden gerade aufgrund der Biologie (oder dem, was scheinbar objektiv als diese präsentiert und erfolgreich verkauft wird) unterdrückt wird! Natürlich ist es viel leichter, überbeschäftigte, erschöpfte Mütter auf ihrem Platz zu halten als Frauen, die ihre Zeit, Kraft und Muße vielleicht in patriarchatsgefährdende Aktivitäten stecken könnten.

Die Frauen, die diese unpopuläre Entscheidung treffen, waren schon immer solche, die dafür auch hart bestraft wurden. Sei es, dass sie als Hexen verbrannt oder zur Nazi-Zeit mit Aufforderungen, dem Führer ein Kind zu schenken, bedrängt wurden. Reichsfrauenführerin Gertrud Scholtz-Klink war es beispielsweise zeitlebens ein besonderes Anliegen, ganz viele Soldaten für den Führer das Licht der Welt erblicken zu sehen. Hier wurden Religion und »Biologie« auf unheilvolle Weise verknüpft, um Frauen auf einem nachrangigen Platz zu halten. Der Fortbestand des Volks war schließlich in Gefahr! Dementsprechend gab es eine Menge dazu passender Aktionen, die ebenfalls diesen Trend unterstützen sollten (und die funktionierten): Entfernung nicht nur jüdischer Beamter, sondern auch weiblicher ab 1934, Senkung der Anzahl an Studentinnen, Reduktion der Auswahlmöglichkeiten, was die Fakultäten betraf etc.[1]

Viele finden es heikel, sich mit dem Thema der Überbevölkerung überhaupt zu befassen, weil sie darin einzig Vorstellungen von megaloman-menschenfeindlicher Kontrolle vermuten – à la rassistisch-antisemitischem Nazi-Regime. Auf diese Weise wird man diesem Thema sicher nicht gerecht, und ich finde, dass man mitnichten ein »Nazi« ist, wenn man die Tatsache der »Überbevölkerung« anspricht. Wenn ich mich diesem Komplex zuwende, dann richte ich mich nicht – wie oft getan – in erster Linie an Menschen in sogenannten »Entwicklungsländern«, in denen Verhütungsmittel unter Umständen schwerer zugänglich sind. Wenn ich von Überbevölkerung rede, dann meine ich zuvorderst die Ausbeutung unseres Planeten durch die extensive Lebensweise mit exzessivem Ressourcenverbrauch, welche die westlichen Industrienationen für sich adoptiert haben.

Auch heute, in Zeiten des Backlashs, ist es wieder enorm en vogue, sich selbst fortzupflanzen und Frauen, die dazu nicht bereit sind, zu diskriminieren. Es reicht nicht, der Umwelt zu schaden, man muss auch noch die

Frauen, die das nicht tun, stigmatisieren und pathologisieren. Deswegen gibt es etliche Frauen, die lieber lügen, als die Wahrheit zu sagen. Die lieber behaupten, sie würden halt einfach nicht schwanger, leider. Als zuzugeben, dass sie absichtlich kinderfrei sind – so enorm sind die Repressalien gegen sie. Allein schon aus diesem Grund bedarf es einer umfassenden Klarstellung, was Kinderfreiheit an positiven Aspekten für die einzelne Frau, die Gesellschaft und natürlich vor allem die Umwelt mit sich bringt.

Mütter und Mutterschaft bis zum Abwinken – ein kleiner Pressespiegel

Am 2. Januar 2018 war in der *Mittelbayerischen Zeitung* zu lesen, dass die »Babyboomer« der Bundesrepublik in Kelheim leben (so der bizarre Titel einer kleinen Randnotiz…). Insgesamt stieg die Anzahl der Geburten in Bayern im Jahr 2016 um 6,3 Prozent. Dabei gab es Peaks in Passau (21,7 Prozent), Kelheim (16,9 Prozent) sowie in ein paar anderen Orten. Diesen bedrohlichen, in mehrfacher Hinsicht äußerst bedenklichen Trend hat in der streng pronatalistischen deutschen Presse natürlich kein Mensch negativ kommentiert… Auch die Regierung freut sich immer über hohe Geburtenzahlen, so beispielsweise 2015 über den höchsten Wert nach der Wiedervereinigung. Und dieser Trend scheint ungebremst, wie die Nachricht aus der *Mittelbayerischen Zeitung* beweist.

In den USA hingegen war 2016 ein neues Rekordtief an Geburten zu verzeichnen. Könnte dies eventuell damit zusammenhängen, dass dort lebende Menschen den Klimawandel ernster nehmen? Und wissen, was ein einziges neues Baby für die Umwelt bedeutet? In den Vereinigten Staaten finden Konferenzen statt, die es hierzulande (noch) nicht gibt und von denen die wenigsten in Deutschland überhaupt gehört haben. Dort diskutieren Leute, die sich in Gruppierungen wie »Conceivable Future« zusammenfinden, über das Thema, ob Reproduktion angesichts des Zustands des Planeten noch zu verantworten ist – oder eben nicht. In ihrem Artikel *No Children Because of Climate Change* (*New York Times*, 5. Februar 2018) beschreibt Maggie Astor die teilweise konträren Hintergründe der Teilnehmenden. Es sind Frauen und Männer, liberale und konservative Personen, aus diversen Regionen und Mitglieder unterschiedlicher Religionsgemeinschaften, die im Grunde nur eines eint: Es handelt sich offenbar um bewusst lebende Menschen, die nicht einfach blind ihrem Reproduktionstrieb folgen, sondern über eine so wichtige Entscheidung nachdenken.

Denselben Trend sucht man in Deutschland weitgehend vergebens und wieder ist es die *Mittelbayerische Zeitung*, die einen Tag nach dem *New-York-Times*-Artikel in ganzseitiger Aufmachung einen Beleg für diese Ignoranz liefert. Unter dem vielsagenden Titel *Mit Windeln über den Wolken* vernimmt man die mehr oder weniger unterschwellige Botschaft »So viel Fortpflanzung wie möglich«, denn die einzige Sorge des Artikels gilt dem möglichst ungehinderten Flugverkehr mit Neugeborenen. Fliegen ab der Geburt, um das Baby und die unschuldigen Mitreisenden optimal zu terrorisieren – Hauptsache, die Eltern haben Spaß. Da werden dann Ratschläge für diverse Säuglings-Transport-Behältnisse gegeben, da man für den Beckengurt ja eine Größe von über einem

Meter haben sollte. Die desaströsen ökologischen Folgen finden mit keinem Wort Erwähnung.

Und auch die Folgeausgabe der genannten Zeitung liefert ein Beispiel für die anhaltende deutsche Fixierung auf das Thema der Mutterschaft. So würdigt das Feuilleton vom 7. Februar eine Künstlerin, die mit Materialien wie Muttermilch arbeitet. Zwei Seiten der Mutterschaft würden so zum Ausdruck gebracht, der Schutz des Säuglings und der Verlust der Freiheit. Schön und gut. Doch der Subtext, der meines Erachtens nicht minder aggressiv zum Ausdruck gebracht wird, ist: Fortpflanzung! Er tönt umso lauter im Kontext einer nicht abreißenden medialen Beschäftigung mit diesem Thema mit oftmals nationalen Untertönen: Deutsche Fortpflanzung über alles. So viele Kinder pro Frau wie möglich sind das oberste Ziel.

Dabei bietet der Rahmen von Kunst großes Potenzial für die Formulierung feministisch-kritischer Positionen. Das zeigen beispielsweise die Arbeiten von Künstlerinnen der Ars-Electronica-Ausstellung *»FEMINIST CLIMATE CHANGE: Beyond the Binary«*, die im September 2017 in der Kunstuniversität Linz gezeigt wurde. Auch Victoria Vesna, Professorin am Department of Design|Media Arts an der University of California (Los Angeles) und Ko-Kuratorin dieser Ausstellung musste sich schon vorwerfen lassen, dass bei Events wie diesem immer noch zu wenige Frauen aus Kunst und Technologie sichtbar würden. Vesna sieht dies als systemisches Problem, mit dem Frauen schon immer in der traditionellen Kunstwelt, den Wissenschaften, der Technik, in der akademischen Welt und in jedem anderen Lebensbereich konfrontiert gewesen seien. Aufgrund der tiefen Verwurzelung in das jeweilige System werde dieses

Problem oftmals noch nicht mal als solches (an)erkannt. Vor diesem Hintergrund muten die Muttermilch-Werke der erwähnten Künstlerin als harmlose Selbstbeschäftigung an. Statt einen größeren gesellschaftlichen Rahmen für die eigene Arbeit zu suchen, wirksame (öko)feministische Aktivitäten zu starten und sich auch einem internationalem Austausch zu stellen, wird mit den Abfällen seines Babys gebastelt.

In das Horn bedrohter deutscher Fortpflanzung stößt auch Michael Abou-Dakn, Gynäkologe in Berlin, der befürchtet, dass sich Frauen die Geburt eines weiteren Kindes genau überlegen könnten, wenn sie aufgrund des Hebammenmangels an manchen Kliniken schlechte Erfahrungen gemacht hätten. Mit dieser Haltung passt er optimal zur deutschen Politik, die nicht nur die digitale Wende verschläft, sondern auch die demografische und die ökologische. Von der feministischen reden wir hier besser erst gar nicht. Solche Weisheiten mit ihren manchmal versteckten, manchmal sehr offensichtlichen Wertsetzungen werden direkt an die Leserschaft weitergegeben. Zahlreiche Magazine – wie in diesem Fall der *Focus* – fungieren in dieser Hinsicht als permanenter Durchlauferhitzer für die Vorstellungswelt von gestern.

Mutterschaft versus Feminismus – die Notwendigkeit struktureller Kritik

Bereits 2014 stellte Tanja Dückers auf *ZEIT Online* fest, dass der neokonservative Kult ums Kind für kinderfreie Frauen nur nachteilig sein könne. Sie würden in der Folge als neurotisch gebrandmarkt. Eine Tatsache, die die

Autorin »beschämend« findet[2] – was sie zweifellos auch ist. Auch Dückers kommt nicht umhin, zu bemerken, dass die Leute, die sich heutzutage für die Reproduktion entscheiden, eine Rolle rückwärts machen würden. Dass sie das progressive Ideal der kinderfreien Frau aus den 70er- und 80er-Jahren hinter sich ließen, um direkt in den 50ern zu landen. Den Blick fest auf eine möglichst kinderreiche Zukunft gerichtet, vernehmen die Reproduktionswilligen die zweite Feminismus-Welle der 60er- und vor allem 70er-Jahre höchstens noch als leises Glucksen in ihrem Rücken.

Von diesem Standpunkt aus betrachtet, geraten die kinderfreien Frauen in den toten Winkel unserer Gesellschaft. Sie werden gern übergangen, da man ja stattdessen über Kämpfe zwischen Müttern sprechen muss. Da werden arbeitende Mamas gegen »Nur-Hausfrauen« ausgespielt, Ewigkeitsgrabenkämpfe gefochten über Fragen wie »Wie viel von der Mutter braucht das Kind?«. Gern mit dem Mantel des Schweigens überdeckt wird aber die eigentlich progressive, revolutionäre Entscheidung, nämlich auf so ein reaktionäres, urbürgerliches Projekt einfach ganz zu verzichten. Dabei sei gesagt: Liebe Mädchen, ihr müsst nicht enden wie eure Großmütter. Mutterschaft wird zwar gerade in Deutschland als schier unausweichliches Los dargestellt, aber mit etwas Mumm in den Knochen kann man sich erfolgreich dagegen wehren! Es ist interessant, dass gerade Mütter andere Frauen in dieser Hinsicht unter Druck setzen. Als würden sie es ihnen nicht gönnen, frei zu sein. Als wäre es nicht ausreichend, dass der Staat als »Reproduktionszuhälter«[3] agiert. Was klingen mag wie ein narzisstischer Aufmerksamkeitswettbewerb zwischen Zu-kurz-Gekommenen (den Kinderfreien) und Medienlieblingen (den Müttern mit ihrem Nachwuchs) ist in Wahrheit eine existenzielle feministische Frage, eine echte strukturelle Herausforderung und vielleicht sogar das Zukunftsthema schlechthin.

Warum spricht man sich nun als Feministin gegen Kinder aus? Wendet man sich damit nicht auch gegen Frauen, die ja 50 Prozent der Elternschaft ausmachen? Mir ist wichtig: Man spricht sich nicht gegen einzelne Kinder und deren Mütter und Väter aus – man spricht sich *strukturell* gegen Fortpflanzung aus. Aufgrund des beunruhigenden Trends der steigenden Geburtenraten, auch und gerade in Deutschland. Zwei Aspekte stehen im Hintergrund dieser Fortpflanzungskritik: 1. Angesichts der katastrophalen Zustände, unter denen unsere Umwelt leidet, muss Reproduktion insgesamt ausdrücklich hinterfragt werden. 2. Angesichts der Zustände, unter denen die meisten Mütter ihren Alltag fristen (müssen), ist es im Interesse der Frauen und damit die deutlich ›feministischere‹ Entscheidung, sich der Fortpflanzung zu verweigern. Auch Mütter, die sich als Feministinnen verstehen, geben zu, dass Mutterschaft die Gefahr birgt, als Frau in nie gekannte Abhängigkeiten zu geraten.

Abgesehen davon lässt gerade ein Neugeborenes den Frauen wenig Zeit und Kraft für Aktionen, Demonstrationen usw. Es ist wunderbar, wenn sich Frauen auch als Mütter noch im Kampf beispielsweise gegen Prostitution engagieren, aber warum muss die Begründung für dieses Engagement sein: »Ich mache das für meine zwei Töchter, damit sie mal in einer schöneren Welt leben können«? Warum sollte man sich nicht für *alle* Frauen einsetzen, auch diejenigen, die man nicht selbst zur Welt gebracht hat?

Wenn es also durchaus Gemeinsamkeiten zwischen Müttern und Kinderfreien gibt, die zum Ausgangspunkt von gemeinsamem Handeln werden können, bekommen selbst die grandiosesten Mütter dennoch zwei Punkte Abzug. Dafür, dass sie den Beitrag zur Umweltzerstörung, den jeder neue Mensch auf dieser Welt leistet, ignoriert und sich außerdem einem der wirkungsmächtigsten und ältesten patriarchalen Imperative gebeugt haben. Dieses Faktum wird durch die Tatsache bestätigt, dass die meisten Mütter eben auch keine Feministinnen sind. Oftmals treten sie in der Öffentlichkeit sogar auf besonders dummdreiste Art und Weise in Erscheinung. Die Erste, die hier ins Visier rückt, ist Vollzeitmutter par excellence Birgit Kelle, die schon vor ihrem Frustbuch *Muttertier* mit extrem antifeministischen Verlautbarungen in Wort und Schrift auf sich aufmerksam gemacht hat. Ihr Buch strotzt nur so vor Vorurteilen und Beleidigungen gegenüber denjenigen Frauen, die Kelle ihre privilegierte Lebensweise durch jahrzehntelange Kämpfe überhaupt erst ermöglicht haben! Beifall erhält die Autorin v. a. von Patriarchen (die leidenschaftlich und teilweise auch gefährlich Frauen auf ihre Körperlichkeit reduzieren) und frustrierten »Nur-Hausfrauen«, die sich von dieser Publikation angesprochen fühlen.

Feministisch gesonnene Menschen hingegen bezeichnen ihr Buch als Wutbuch, das an den hysterischen Anfall einer Dreijährigen erinnert – zu Recht … Schließlich stampft die Autorin verbal mit dem Fuß auf, wenn sie bockig verkündet, Feministinnen hätten ihr nichts zu sagen, obwohl diese für sie genauso gekämpft, gelitten und reüssiert haben. Was glaubt Kelle wohl, woher Modelle wie der bezahlte Mutterschutz und andere kommen? Bestimmt nicht von ihren tollen konservativen Patriarchen, die am liebsten eine hundertprozentig abhängige, unterdrückte Frau/Mutter daheimsitzen hätten.

Die feministische Journalistin Gemma Hartley hat thematisiert, welch große Bedeutung kinderfreie Frauen gerade für Mütter haben können, wenn es darum geht, als Mutter nicht die eigenen Interessen aus dem Auge zu verlieren. Hartley schätzt, dass sie auch als Mutter noch mit ihren kinderfreien Freunden in Kontakt steht, da selbige sie zuallererst als eigenständige Person sähen – und erst danach als Mutter. Gerade das habe ihr bei ihrer Identitätssuche in der neuen Rolle sehr geholfen, schreibt sie auf *Romper* in ihrem Artikel *I Needed My Non-Mom Friends More than Ever after Having Kids* vom 2. Dezember 2016. Sie brauchte das Gefühl, noch eine Verbindung zur Außenwelt zu haben, brauchte Leute, die sie schon *zuvor* gekannt hatten, und nicht die oberflächlichen Bekanntschaften aus dem Geburtsvorbereitungskurs.

Zerrbilder kinderfreier Frauen

Weil das Thema der Reproduktion im Blick auf weibliche Lebensentwürfe stets an die erste Stelle gesetzt wird, gerät eine urfeministische Weisheit immer wieder aufs Neue aus dem Bewusstsein der Leute: die Tatsache, dass eben nicht alle Frauen den Drang verspüren, Mutter zu werden. Diesem misogynen Vorurteil, dass alle Frauen eigentlich Babys wollten oder nur den richtigen Vater dafür noch nicht gefunden hätten, wurde bereits vor mehr als einem Jahrhundert von der Psychologin Leta Hollingworth widersprochen. Ihr brillanter Aufsatz *Soci-*

al Devices for Impelling Women to Bear and Rear Children im *American Journal of Sociology*, in dem sie die massiven gesellschaftlichen Kontrollbedürfnisse benennt, die sich auf die biologische Fruchtbarkeit der Frauen richten, stammt aus dem Jahr 1916.

Um die Natürlichkeit weiblicher Reproduktion so plausibel wie möglich zu machen, werden kinderfreie Frauen oft als unnatürliche Harpyien dargestellt. Jeder kennt diese bösen Hexen aus Märchen, Filmen usw., deren einzige Gemeinsamkeit die Abwesenheit eigener Nachkommen darstellt. In der Realität ist das Spektrum Kinderfreier tatsächlich wahnsinnig breit und deren Leben ebenso im Reich der Wirklichkeit angesiedelt wie das Leben von Frauen mit Kindern. Sicher gibt es eine kleine Minderheit derer, die logischerweise die meiste mediale Aufmerksamkeit bekommen, die Kinder wirklich einfach nicht mögen. So etwas gibt es und so etwas muss auch respektiert werden. Schließlich mögen diese Frauen Kinder nicht per se, sondern den Lärm, Gestank etc., den diese produzieren, wenn sie keine adäquate Erziehung und Pflege erfahren. Insofern kann bei diesem Vorbehalt gegenüber Kindern von einer Spielform der Altersdiskriminierung (Ageismus) keine Rede sein. Dann gibt es eine weitere kleine Minderheit, die Kinder unheimlich gern haben, die aber aus den unterschiedlichsten Gründen keine eigenen bekommen wollen. Alle anderen oszillieren irgendwo zwischen diesen beiden Polen.

Die Heterogenität dieser Gruppe kinderfreier Frauen ist allerdings nicht beschränkt auf die Einstellung zu Kindern. Ein gern bemühtes Klischee ist das des kinderfreien Paars in den Dreißigern, die im Geld schwimmen und jedes Wochenende eine andere Städtetour unternehmen. Dabei gibt es genügend Kinderfreie, die wenig Geld haben. Manche zum Beispiel sind so verantwortungsvoll und bekommen kein Kind, weil sie *sehr wenig* Geld haben, aber sehr stolz sind und keine fremde Hilfe annehmen wollen.

Wie dem auch sei – kinderfreie Frauen müssen von ihrem schlechten Ruf befreit werden! Insofern ist die kinderfreie Bewegung im klassischen Sinne feministisch, da sie eine stigmatisierte Gruppe Frauen empowert – und zwar in diesem Fall tatsächlich, nicht pro forma wie etwa im »Happy-Sexwork-Movement«, wo faktische Unterdrückung in Selbstunterdrückung verwandelt und dadurch kaschiert wird. Oder, wie es eine von manchen »Feministinnen« enttäuschte kinderfreie Frau auf den Punkt bringt: »If you really want to do something ›empowering‹, maybe go against the grain, instead of doing what society expects of you, just because you're a woman.«[4] Nicht die patriarchalen Nutznießer sollen geschützt werden, sondern die mutigen Vorreiterinnen einer Bewegung, die an Zuspruch gewinnen muss, wenn der Planet noch länger bewohnbar und lebenswert bleiben soll. Dass Stigmatisierung und Exklusion kinderfreier Frauen an der Tagesordnung ist, kann man überall beobachten. Und Frauen sind selbst daran beteiligt, weil sie seit Menschengedenken ihre gesamte Zeit, Kraft usw. auf die Aufzucht neuer Leute verschwenden. *Daran* ist überhaupt nichts Feministisches. Dass ein Großteil des Feminismus die kinderfreien Frauen verrät, beklagt auch Zarrah Horvick in ihrer Magisterarbeit mit dem Titel *Women, Thy Name Is Womb: Marginalization of Voluntary Childfree Women in Feminist Performance Literature*, die 2011 an der University of British Columbia eingereicht wurde.

Die kinderfreie Frau ist das »Andere«, die »Mutter« die Norm – und beides muss sich ändern. Unerträglich sind Kommentare wie »Du wärst so eine tolle Mutter« oder »Du bist doch so hübsch, du hättest auch hübsche Kinder« etc. – als wäre da ein Potenzial, das man nicht erfüllt, aber erfüllen sollte. Auch in den vermeintlich liberalen, aufklärerisch eingestellten Teilen unserer Gesellschaft spiegeln sich Ansichten, wie sie in reaktionär-religiösen Organen wie dem *Catholic Herald* herausposaunt werden. In seinem Artikel vom 29. November 2016 *How Feminism Betrayed Childless Women*[5] thematisiert Francis Phillips, dass es Frauen im Alter von 50+ gebe, die es bereuten, keine Kinder bekommen zu haben. Schuld an diesem Leid hat seiner Ansicht nach der Feminismus. Denn der habe die Frauen die wichtigen Dinge (wie eben die Mutterschaft) vergessen lassen, als sie in ihren Zwanzigern und Dreißigern mehr Wert auf ihre Karriere und Liebesaffären legten. Bedrohlich ist, dass Argumentationen wie diese von einer Gesamtgesellschaft übernommen werden, welche angeblich so losgelöst ist von der Kirche, so modern, so cool, so progressiv. So werden kinderfreie Frauen von Anfang an immens unter Druck gesetzt. Man macht ihnen Angst und entwirft Horror-Zukunftsszenarien für sie. Noch bevor eine echte gesellschaftliche Wertschätzung für die Potenziale kinderfreier Frauen hergestellt ist, scheint der Backlash auf diesem Gebiet immer schon begonnen zu haben beziehungsweise der tatsächlichen Befreiung vorauszueilen.

Auch der *Daily Wire*, ein US-amerikanisches, konservatives Organ, macht unverblümt den Feminismus verantwortlich für die Tatsache, dass einige Frauen gern kinderfrei bleiben möchten und hartnäckig Tag für Tag

Widerstand gegen dieses Lebensmodell leisten. Da wird versucht, Kinderfreie der Lächerlichkeit preiszugeben, indem man ihre Karrierebesessenheit als Feigenblatt ihrer Kinderlosigkeit »entlarvt«. Denn kinderfrei seien ja nur Frauen, die keinen Mann fänden, der mit ihnen eine Familie gründen wolle. In dieses Horn stößt beispielsweise Amanda Prestigiacomo in ihrem Artikel *Feminism Is Leaving a Wake of Unhappy, Unmarried, and Childless Women in Its Path*[6] in *The Daily Wire* vom 7. Juli 2017 – der Titel bedarf keiner weiteren Kommentierung. Sicher finden sich auch andere Stimmen. So schreibt Chris Moss in dem *Telegraph*-Artikel *Blaming Men for the Rise of Childless Women Is an Insult to Both Genders* am 7. Januar 2016, dass es weder den kinderfreien Frauen noch dem Feminismus gerecht werde, Kinderfreiheit als etwas Negatives zu sehen. Aber trotzdem: Letztlich scheint es, als könne man als Frau eigentlich nur verlieren. Wie eine Unbekannte schrieb: »To be a mother or not to be a mother – that's the question.«

Rassistische und klassistische Untertöne

Dabei wird oft genug auf diskriminierende Art und Weise differenziert: Während v. a. weiße, verheiratete Gutverdienerinnen ständig nervtötende Fragen nach ihrem Kinderwunsch beantworten müssen, werden Frauen mit geringem oder keinem Einkommen, Singles, Lesben und andere »Minoritäten« naserümpfend kommentiert, wenn sie sich fortpflanzen. Scheinbar geben nach Ansicht einiger Leute manche Frauen »würdigere« Mütter ab als andere. Auch wenn die meisten Frauen diese Formen der Diskriminierung innerhalb der grundsätzlichen Diskriminierung zugunsten von Müttern mutmaßlich »normal« finden, ist sie das keineswegs. Die massive Taubheit, die unsere Gesellschaft auf diesem Themengebiet befallen hat, bedarf eines echten Aufschreis.

Ein weiteres Unterscheidungskriterium in diesem komplexen Diskriminierungsszenario sind Aspekte der sozialen Herkunft. So rekrutieren sich aus der Gruppe weißer Frauen – beispielsweise (aber nicht nur) in den USA – die privilegierteren Mütter, während schwarzen Müttern das Image der »welfare queen« anhaftet (bei Latinas ist dies ähnlich). Dass die Merkmale einer besseren ökonomischen Herkunft Zugang zu gesellschaftlichen Ressourcen bieten, die anderen Gruppen verschlossen bleiben, ist oft nachgewiesen worden. Lässt man ein dunkelhaariges Mädchen in toller Kleidung allein herumirren, erfährt dieses tendenziell viel eher Hilfe. Schickt man dieselbe Person in billigen Sachen los, wird sie meistens einfach weggeschickt. Dasselbe trifft auch für die Eltern des Mädchens zu. Es kann insofern nicht erstaunen, dass die Kategorie *class* neben *race* auch in Sachen Reproduktion ein zusätzlicher, für die Betroffenen verheerender Faktor ist.

Nina Steele ist eine kinderfreie Ivorerin, die erklärt, wie schwierig es für viele Frauen auf dem afrikanischen Kontinent ist, die kinderfreie Option zu vermitteln. Ihre eigene Mutter schickte ihr lange Zeit magische Tränke, um die Fruchtbarkeit von Nina und ihrem Mann zu erhöhen. Sie versucht mittlerweile, ihren Landsleuten vorzuleben, dass man kinderfrei sogar ein besseres Leben haben kann (und kein schlechteres, wie einige davon offenbar glauben). Sie selbst fand es anfangs hart, aus der

Tradition auszubrechen, in der Kinder als Gottes Segen und künftige Pensionssicherung betrachtet werden. Und auch hierzulande gibt es noch genügend Leute mit dieser Sichtweise.

Reproduktionskritische Töne aus Philosophie und Literatur

Der Philosoph David Benatar hat auf die vielfältige Diskriminierung auf dem Gebiet der Reproduktion hingewiesen. Er merkt an, dass homosexuelle Paare (weiblich wie männlich) oft als »disgusting« oder »perverted« angesehen werden, auch oder gerade wenn sie sich Kinder wünschen. Nicht einmal der umgesetzte Kinderwunsch taugt hier also als Mittel einer Integration in die fortpflanzungsversessene Mehrheitsgesellschaft – er schafft sogar ihr Gegenteil, eine noch deutlichere Ausgrenzung. Des Weiteren stellt Benatar zutreffend fest, dass Demokratien sich allgemein durch eine pronatalistische Tendenz auszeichnen und tatsächlich die eigene Fortpflanzung beispielsweise über die Einwanderung stellen.[7] Konsequenterweise fragt er, ob irgendjemandes Recht auf Reproduktion wichtiger sein sollte als das Recht von jemand anderem, ein Familienmitglied oder einen Freund einwandern zu lassen. Er findet nicht und ich stimme ihm zu. Dieselbe Priorisierung der Fortpflanzung sorgt auch für den Vorzug von Eltern gegenüber Kinderfreien – philosophisch-moralisch ein absolutes Unding. Und nicht nur deswegen. Zur Überbevölkerung, welche laut Benatar »massive« ist und nicht nur »moderate«[8], finden sich ebenfalls weitere Ausführungen in Kapitel 3.

Es gibt eine Reihe von Philosophen und Schriftstellern, die gegen die unkritische Verherrlichung der Existenz argumentiert haben. Sie reicht von Sophokles über Heinrich Heine, Schopenhauer, Nietzsche bis zu Benatar selbst. Schon Montesquieu tat den berühmten Ausspruch, dass man weinen solle, wenn jemand geboren wird, und nicht, wenn er stirbt. Dann gibt es noch diejenigen, die unter anderem aus diesem Grund – also der Tatsache, dass Existieren immer auch Leid mit sich bringt – gegen Reproduktion sind. Dazu zählen Flaubert, Voltaire und der Utilitarist John Stuart Mill, der im England des 19. Jahrhunderts nicht zuletzt als Feminist (!) Furore machte. Letzterer sprach sich schon damals für eine gewisse Restriktion des Reproduktionsrechts aus – natürlich ganz im Sinne des Utilitarismus. Dazu passend unterstützte er Verhütungsmöglichkeiten und arbeitete eng mit seiner Frau zusammen, um mit dieser in all ihren feministischen Anliegen und Aktivitäten zu kooperieren.[9]

Auch die Feministin Caitlin Moran schreibt: »First World babies are eating this planet like termites.«[10] Moran war bereits vor ihrer Mutterschaft politisch informiert und aktiv. Dasselbe politische Bewusstsein und Engagement nach ihrem Eintritt ins Mutterdasein zu entwickeln, wäre für sie wesentlich schwerer möglich gewesen. Zudem gibt sie an, dass Mutterschaft nicht *eine* Lektion bereithielte, die man nicht auch (wo)anders lernen könne. Dass sie, ohne mit der Wimper zu zucken, den letzten Panda der Welt erschossen hätte, wenn dafür ihr Baby 60 Sekunden weniger lang geplärrt hätte, offenbart sie ebenfalls freimütig. Das mag wie ein Scherz klingen, aber es offenbart doch die erhebliche Herausforderung für das Bewusstsein und das Engagement von Eltern, die durch ein anstrengendes Familienleben unter Druck gesetzt sind. Daher ist ihr Resümee denn auch, dass jede kinderfreie Frau der Gesellschaft einen massiven Gefallen tut. »We need more women who are allowed to prove their worth as people, rather than being assessed merely for their potential to create new people.«[11] Dazu passt ihre allgemeine Einstellung, ja, ihr Appell, dem patriarchalen Bullshit mit einer Zero-Tolerance-Haltung zu begegnen.

Hier die eindrückliche Zusammenfassung einer kinderfreien Frau im Alter von 43 Jahren, die im Laufe ihres Lebens mit zahlreichen Vermutungen ihren Status betreffend konfrontiert wurde – mit dem vorherrschendsten Klischee an erster Stelle: Aufgrund ihrer Karriere-Besessenheit sei sie nicht an Liebeskram interessiert; sie sei zu kalt, um zu lieben; wegen des Jobs könne sie keine anderen Personen (Mann/Kind/…) priorisieren; sie hätte sowieso nie eine Familie gewollt. Aber auch: Sie sei zu wählerisch. Oder aber nicht wählerisch genug und habe in der Vergangenheit eine schlechte Wahl getroffen. Dass sie sich entschieden habe. Dass sie sich nie entschieden hätte. Dass sie es zu sehr wollte. Dass sie es nicht genug wollte. Dass sie zu hart sei. Dass sie zu weich sei. Dass sie nicht flexibel sei. Dass sie zu flexibel sei. Dass sie nichts über ihre Fruchtbarkeit wisse, die nicht ewig dauere. Sicher wollte sie nie Kinder, sonst hätte sie welche. Sicher sei sie zu feministisch. Oder zu romantisch. Die Liste könnte endlos fortgesetzt werden. Auf jeden Fall steht fest: Irgendetwas kann mit ihr nicht stimmen…[12]

Auch wenn diese Gruppe eine Minderheit darstellt, ist leider doch zuweilen eine misogyne Note in den Childfree-Foren zu bemerken, die einem als Feministin Bauchschmerzen bereitet. So richten sich die Aggressionen derjenigen, die sich dort äußern, oftmals gegen Frauen, die dafür verantwortlich gemacht werden, wenn ihre Kinder nerven – zum Beispiel in der Gastronomie oder dem Nahverkehr. Diese Stoßrichtung mag damit zu tun haben, dass so mancher genervte Restaurantbesucher, der das Bedürfnis fühlt, sich äußern zu müssen, einfach prinzipiell frauenfeindlich eingestellt ist, und diese Haltung auch nicht ablegt, wenn er sich im Childfree-Kontext äußert. Die Tatsache, dass Frauen als Kritisierte hier überdurchschnittlich ins Visier geraten, hat aber auch mit einem Sachverhalt zu tun, der aus feministischer Perspektive zu kritisieren ist: Die Rede ist davon, dass sich Mütter den Großteil der Kinderarbeit entweder selbst aufbürden oder ohne ausreichende Gegenwehr aufbürden lassen. Es gibt keinen Grund, warum im Bereich der Kinderbetreuung – wie bei der Hausarbeit ja auch – nicht ein Anteil von 50 Prozent angestrebt werden sollte. Tatsächlich hat man aber oft genug den Eindruck, die Kinder hätten alle keine Väter, da man sie immer nur in Begleitung ihrer Mütter beim Spazierengehen, im Café, beim Einkaufen, am Spielplatz, beim Arzt antrifft. Auch diese Liste ließe sich fortsetzen.

Zudem finden sich in diesen Foren genügend hoch misogyne Väter. Das ist letztlich noch bedeutend schlimmer, da sie an ihre Kinder diese Haltung meistens erfolgreich weitergeben. Ein Grund, warum wir in Deutschland so eine verheerende Situation vorfinden. Ein Vater schreibt beispielsweise auf die Frage, was man von der Erde löschen würde, wenn man denn könnte: »Radical feminists!« Ein anderer Vater träumt online davon, den verrückten »kinderfreien« Tierspinnern einen gewaltigen Arschtritt zu verpassen – samt ihren Haustieren. Sich auf diese Weise in der dankbaren Anonymität des Internets zu äußern, passt zu Männern, die dem egoistischen Impuls, den eigenen Samen möglichst weit zu verbreiten, nicht widerstehen können. Diese beiden Beispiele mögen ausreichen, um zu belegen, dass »die Gegenseite« der Kinderfreien sicher nicht so vollkommen ist, wie sie sich gerne darstellt – im Gegenteil, noch viel weniger, als man dies landläufig glaubt.

Der unerkannte Kulturkrieg

Es ist nicht von der Hand zu weisen: Kinderfreie werden in weiten Teilen der Gesellschaft diskriminiert. Daran ändert auch die Tatsache nichts, dass sie auf manchen Gebieten einen eindeutigen Vorteil gegenüber Eltern, aber vor allem gegenüber Müttern haben: die Rede ist vom Arbeitsmarkt. Das Phänomen der Voreingenommenheit gegenüber Kinderfreien lässt die Autorin Shannon Barber sogar von einem unerkannten »Kulturkrieg« sprechen, der auf diesem Gebiet geführt werde: »Despite the fact that it is never talked about, it is every bit as real as racism, homophobia, misogyny, or any of the other kinds of discrimination.«[13]

Ebendas ist der Grund, warum es eines Buchs wie diesem bedarf. Um den selbstgerechten Eltern ihren unverdienten Heiligenschein vom Kopf zu reißen und ihre Attitüde als das entlarven, was sie ist: nämlich oft genug Mobbing von kinderfreien Leuten, das von Barber nicht umsonst mit Rassismus, Homophobie und Misogynie auf eine Stufe gestellt wird. Oder, um mit Chaia Heller zu sprechen, die Ähnliches schon 1995 erkannte: »For thousands of years the patriarchy has waged war against women; a war in which it controls and violates our bodies with rape, battering, forced motherhood, and conditioned self-hatred. As well as assigning women the exclusive sexual functions of reproduction and providing men pleasure, the patriarchy reduces women to instruments of labour.«[14]

1. Kinderfreiheit als bewusster, feministischer Akt

Man nehme eine beliebige Mitgliederversammlung einer der etablierten deutschen Parteien. Vielleicht sogar eine, die sich als relativ progressiv versteht und von sich selbst denkt, Frauen voranzubringen. »Was ist mit feministischen Fragestellungen«, wirft ein Neumitglied im Lauf des Abends ein. »Ja, mehr Kita-Plätze, das haben wir schon lang auf der Agenda«, wiegelt die Vorsitzende ab. Dem Neumitglied wird anders … Es fragt sich, ob es sich für die richtige Partei entschieden hat.

Praktischer Feminismus bedeutet heutzutage für viele Parteien, aber auch Privatpersonen, in erster Linie die Vereinbarkeit von Familie und Beruf und das ist ja – ganz klar – ein Problem der Frauen. Vielen entgeht dabei, dass man dadurch bereits auf zweifache Weise antifeministisch denkt und handelt. Indem man erstens alle Frauen auf ihre (mögliche oder tatsächliche) Mutterrolle reduziert und zweitens die Aufgabe, Job und Kinder unter einen Hut zu bringen, allein den Frauen zuschiebt. De facto haben daher etliche Kinderfreie dem Feminismus den Rücken gekehrt – und das ist ausgesprochen schade! Diese echt feministisch handelnden Frauen müssen wieder ins Boot geholt werden, wenn der Feminismus nicht belächelt werden und zu einem reinen Mütter-Refugium verkommen will. Es braucht eine echte Frauenpolitik und nicht eine Bevölkerungspolitik, wie wir sie im Moment haben. Der Backlash beschert uns ja gerade mehr Kinder und einen befremdlichen Mutterkult. Damit korrespondiert, dass Frauen ohne Kinder heute wieder mehr geächtet werden als vor 30 Jahren.[1]

Die australische Feministin Eva Cox bestätigt, dass wir es mit einer neuen Ära des Pronatalismus zu tun haben. Früher hatte man einfach Kinder, basta. Dies war nichts Besonderes. Heute scheint daraus eine herausragende Leistung geworden zu sein. Laut Cox kommt es gerade in Zeiten, in denen Frauen arbeiten und mehrere Verhütungsmittel zur Verfügung haben, zu einer Intensivierung des Pronatalismus. Werbung, Mami-Blogs beziehungsweise soziale Medien als Verstärker von Trends und nicht zuletzt Regierungsanreize wie hohes Kindergeld und anderes spielen ebenfalls eine Rolle.

Man sieht, Mut und Unabhängigkeit sind gefragt, gerade und zuallererst im Denken. Sonst folgt man bloß den ausgelatschten Pfaden, die einem von der Gesellschaft vorgegeben werden. Vielleicht lässt man sich den kulturell konstruierten Mutterinstinkt als Biologie verkaufen und lässt sich einfach auf diesen bequemen Deal ein, weil die Mutterrolle ja immerhin honoriert wird …

Schon 2002 hat Elinor Burkett in ihrem äußerst lesenswerten Buch *The Baby Boom* Bedenken angemeldet, was die seltsame Allianz zwischen Pro-Familien-Konservativen und Feministinnen betrifft, welche zu ein paar Verbesserungen für Eltern in der Arbeitswelt geführt habe. So sind beispielsweise die Benachteiligungen für Menschen ohne Kinder in den USA (und nicht nur dort) so eklatant, dass Familien mit einem sechsstelligen Einkommen zusätzlich hohe Vergünstigungen bekommen, die eine kinderfreie Person, die nicht mal die Hälfte verdient, im Traum nie erhalten wird. Das Privileg der Eltern wird von ihr überzeugend infrage gestellt. Auch in Deutschland werden Berechnungen angestellt, die himmelschreiende Ungerechtigkeiten, auch und gerade im Steuersystem, offenbaren.[2] In einer Gesellschaft, die – absolut unzeitgemäß – traditionelle Familien und Babys über alles schätzt, ist es kein Wunder, dass Leute ohne Kinder systematisch benachteiligt werden.

Ein aktuelles Beispiel dafür ist der Vorschlag von Gesundheitsminister Jens Spahn, Kinderfreie und Eltern bei den Sozialbeiträgen unterschiedlich stark zu belasten. Allein auf die Idee zu kommen, eine Minderheit zu zwingen, einen erheblichen Teil der Kosten für ein Projekt aufzubringen, das nicht ihres ist bzw. sogar völlig gegen deren innerste Überzeugungen geht, ist ausgesprochen bedenklich. Angeblich bräuchten die sozialen Sicherungssysteme Kinder. Nein. Der Kapitalismus und das momentane Wirtschaftssystem brauchen Kinder. Würden wir unsere Konsumhaltung und umweltvernichtenden Verhaltensweisen ändern, sähe das schon ganz anders aus.

Die meisten Eltern haben aus ziemlich egoistischen Gründen Kinder. Die Kosten dafür wollen sie nun nicht mehr tragen und fordern daher, dass diejenigen, welche absichtlich oder unfreiwillig keine Kinder haben wollen oder können, ihnen einen höheren Lebensstandard ermöglichen. Man bedenke, dass es den Eltern selten wirklich um die Kinder geht, sondern schlicht und ergreifend um mehr Geld. In der *Welt am Sonntag* werden Erziehungsberechtigte zitiert, die sich mehr finanzielle staatliche Unterstützung wünschen, um auch nach Amerika reisen zu können, wie die Eltern diverser Klassenkameraden, und nicht langweiligerweise campen zu müssen.

Am 21. Juni 2013 schreibt Amanda Marcotte auf *Slate* in ihrem Kommentar *Family-Friendly Workplaces Are Great, Unless You Don't Have Kids*, dass in der Tat gerade Singlefrauen am Arbeitsplatz oft diskriminiert und schamlos ausgenutzt werden. Schließlich können sie ja am Abend länger bleiben, ihren Urlaub zu Unzeiten nehmen usw. Implizit wird diesen Frauen vermittelt, dass ihr Privatleben vernachlässigbar ist. Und das soll dann feministisch sein? Warum müssen Frauen ohne Kinder ausbaden, dass andere sich für einen nicht gerade umweltfreundlichen Lebensstil entschieden haben? Marcotte bestätigt außerdem, dass kinderfreie Frauen regelmäßig wegen ihrer Ablehnung traditioneller Genderrollen sowieso schon Mobbing am Arbeitsplatz aushalten müssen.

Kulturell wurden wir über Jahre hinweg so konditioniert, dass wir die Fortpflanzung als etwas so Positives sehen (sollen), dass Kritik weder notwendig noch legitim ist. Wer sich so etwas traut, rüttelt doch am heiligen Fundament unserer Weltgesellschaft, oder? Die beste Illustration dafür: Wenn eine kinderfreie Person sagt, sie möchte keine Kinder, kommt unweigerlich ein überraschtes »Was!? Warum denn nicht?!« Als wäre man irgendwie aus der Art gefallen. Verkündet man hingegen, schwanger zu sein, folgt prompt ein Regen von Glückwünschen. Doch was ist beglückwünschenswert, wenn man »schafft«, was jedes Tier seit Menschengedenken schafft? Warum ist gerade dieser simple Aspekt der Biologie so anfällig für die Verherrlichung? Schließlich ist man ja nicht selbst Ingenieurin der Prozesse, die das »Wunder des Lebens« hervorbringen. Entsteht der Zuspruch, weil man dem Imperativ einer patriarchalen Kultur folgt und brav die traditionellste Rolle überhaupt annimmt? Oder wie David Benatar formuliert hat: »Creating new people, by having babies, is so much a part of human life that it is rarely thought even to require a justification.«[3] Jedoch: »One can never have a child for that child's sake. That much should be apparent to everybody, even those who reject the stronger view for which I argue in this book – that not only does one not benefit people by bringing them into existence, but one always harms them.«[4]

In Deutschland werden Ansätze wie der von Benatar so gut wie nicht rezipiert, obwohl ihre Impulse eigentlich dringend notwendig wären. So beschreibt er beispielsweise den Fortpflanzungstrieb als extrem primitiv, was es ihm erlaubt, die rational bedingte Nicht-Reproduktion, also die Entscheidung der Kinderfreien für ihren Lebensstil, als jüngere und überlegenere Evolutionsstufe zu deklarieren. Er erkennt auch den beachtlichen sozialen und Gruppendruck, der auf jungen Paaren lastet – vor allem in unseren Gesellschaften, die stark pronatalistisch geprägt sind. Benatar meint, dass es eine moralische Verpflichtung gebe, sich *nicht* zu reproduzieren. Er selbst gibt allerdings zu, dass dies der Intuition vieler Menschen zuwiderläuft, dass manche deswegen sogar mit Aggression reagieren. Kaum hängt man in der Arbeit den Spruch »Save the earth, don't give birth« an seinen Spind, wird er von überempfindlichen Elternkollegen einfach weggerissen. Obwohl Katzenvideos höchste Klickraten erzielen und Menschen mit großer Regelmäßigkeit zu Tränen rühren, konnte in dem beschriebenen Fall auch der Kreis wundervoller Tiere, der auf dem Spruchband abgebildet war, Schlimmeres offensichtlich nicht verhindern. Wenn man bedenkt, welcher starken Provokationen es im öffentlichen Raum gewöhnlich bedarf, um normale Leute dahin zu bringen, Plakate abzureißen, ist diese Episode sicher mehr als eine Anekdote.

Insofern kann nicht verwundern, dass Benatars Thesen von einer bestimmten Fraktion als lächerlich oder exzentrisch abgestempelt werden – im bequemen Bewusstsein, mit der Mehrheit zu schwimmen. Allein die Gewissheit, Teil dieser Mehrheit zu sein, genügt manchem offenbar als Berechtigung, konstruktiv-kritische Stimmen abzuwerten.

Gerade die vielbeschworene Intuition lässt Benatar aber nicht gelten, da sie zeitlichem Wandel unterliegt und zudem auf Vorurteilen beruht, die wir auch in anderen Lebensbereichen nicht zum (alleinigen) Ausgangspunkt unseres Handelns machen. Er fragt danach, was das für eine Intuition sein solle, die die Verursachung von Leid einschließe. Grundlage seiner Überlegungen sei dabei keineswegs eine Misanthropie, sondern vielmehr das Gegenteil – die Überzeugung, dass es gelte, so wenig Leid wie möglich zu verursachen.[5]

Man fragt sich, warum die Frauen, die Schritt 1 schon geschafft und erkannt haben, dass Mutterschaft – auch und gerade in Deutschland – kein Zuckerschlecken ist, nicht folgerichtig Schritt 2 tun – und einfach keine Kinder bekommen. Gerade als Feministinnen. »Emanzipation hört auf, wenn die Kinder kommen«, geben viele Frauen zu.[6]

Leslie Ashburn-Nardo betreibt in den USA seit 40 Jahren Forschungen über Kinderfreie. Eine ihrer Studien erschien 2015 in der Zeitschrift *Demography* und beleuchtet die Folgen der Mutterschaft. Dort stellte sie fest, dass die Auswirkungen eines Neugeborenen für die Betroffenen gravierender sind als diejenigen von Scheidung, Arbeitslosigkeit oder gar dem Tod des Partners. Auch in anderen Publikationen der Wissenschaftlerin kann man nachlesen, dass sich Kinder negativ auf die jeweiligen Partnerschaften auswirken. Und dennoch konstatiert auch sie, dass viele Amerikaner sogar mit »moral outrage« auf Leute ohne Kinder reagieren. Man ist sich scheinbar darüber einig, dass man ungeachtet der massiven Einschränkungen, die die Elternschaft mit sich bringt, da eben irgendwie hindurch müsse. Aber muss man wirklich? Warum? Weil man sich dem Konformitätsdruck beugen möchte? Weil es anstrengend ist, gegen den Strom zu schwimmen? Viele stellen sich diese Fragen nicht. Die Normalbiografie beinhaltet nun mal das Gründen einer eigenen Familie. Punkt.

Auch in Großbritannien wurde eine breit angelegte Studie mit über 5.000 Beteiligten von der Open University durchgeführt, die zu ebendiesem Ergebnis kommt: Kinderfreie Paare sind glücklicher als Eltern.[7] Ist ja auch sonnenklar. Wie oft hört man von Eltern, die im Einzelgespräch zugeben, dass ihre Beziehung im Eimer sei, dass sie nur noch wegen der Kinder mit der einst geliebten Person zusammenblieben, dass ihr einziges Gesprächsthema beziehungsweise die einzige verbliebene Gemeinsamkeit ebenjene Kinder seien. Die große Studie der Engländer enthüllt, dass sich die Kinderfreien in der Beziehung mehr wertgeschätzt fühlen und somit insgesamt deutlich zufriedener sind in der Partnerschaft. Auch das kann eigentlich nicht verwundern. Wenn es um einen selbst geht, um die Dinge, die einen umtreiben, wenn Zeit ist für profunde Gespräche, dann bietet das eine ganz andere Qualität der Begegnung als das gehetzte Organisieren des Kinderschwimmens oder die Absprache zwischen Tür und Angel, wer die kleinen Racker wann und wo hinbringt oder abholt.

Sich fortzupflanzen wird wieder mehr und mehr ein Imperativ, dem sich allzu viele beugen. Und Ashburn-Nardo hat recht, wenn sie schreibt, dass so natürlich die Wahlfreiheit irgendwann stirbt. Einen Vergleich, wie Entscheidungsräume erst schleichend und dann auf einmal in großem Tempo kleiner werden, liefert das Dogma der Beinhaarentfernung: Irgendwann war es so weit und man konnte nicht mehr wählen zwischen Rasur und Beinhaar. Einzelne, die sich für die natürliche Behaarung entscheiden, werden nicht selten sozial gesteinigt. Man denke an das Model, das sich mit unrasierten Beinen zeigte und mit Kommentaren wie »Das ist ein Affe, kein Mädchen!« bedacht wurde – um einen der harmloseren Beiträge zu zitieren.

Dass ein Baby in der Lage ist, jegliche Romantik in einer Beziehung zu killen, lässt sich auch nachlesen in Ellen Pecks Buch *The Baby Trap*, das bereits 1971 erschienen ist. Für Pecks Kritik einer unkritischen Entscheidung für die Mutterschaft spielt nicht nur eine Rolle, dass man als Mutter potenziell zur langweilig-nörgelnden Hausfrau verkommt – das ist ja nicht bei allen der Fall. Sie bemängelt vor allem den mangelnden Widerstand gegen den Konformitätsdruck, der vielen Neufamilien zugrunde liegt. Und tatsächlich: Wer hat nicht schon eine Mutter sagen hören: »Tja … In unserem Freundeskreis haben plötzlich alle Kinder bekommen …«. Ein schwacher Grund. Er rangiert unmittelbar hinter dem Aspekt der Langeweile als Legitimation für lebensverändernde

Entscheidungen. Wenn man Angst hat, als Außenseiter bei Feiern herumzusitzen, bei denen sich die Konversation vor allem ums Kinderschwimmen dreht, sollte man sich vielleicht lieber überlegen, ob man nicht auf andere Partys gehen möchte. Statt sich ins selbe Joch zu zwingen, nur damit man wieder zur Gruppe gehört. Dementsprechend steht am Ende des Peckschen Buchs der Aufruf, gut zu überlegen, bevor man sich für die Reproduktion entschleidet.

Peck war es auch, die bereits in den 1970er-Jahren feststellte, dass ein weiterer kritikwürdiger, aber oftmals geleugneter Fortpflanzungsgrund das narzisstische Bedürfnis ist, eine kleine Version von sich selbst herzustellen. *Mini-Me*-Alarm also. Oder besonders rührend: »Die schönen Augen vom Andreas/Stefan/etc., stell dir mal vor, wenn das Kind die dann auch hat!« Dennoch: Die Freude am Original scheint letztlich nicht auszureichen, weswegen die Vervielfältigung des präferierten Körperteils ins Werk gesetzt werden muss. Man fragt sich in diesem Zuge auch, woher das Klischee kommt, dass Kinderfreie egoistisch seien. Wie nennt man dann die Haltung, dass man sich selbst so super findet, dass man sich unbedingt ein paar *Mini-Me*s wünscht? Vor allem wenn man sich überlegt, was die Heerschar an Eltern, die sich schon auf diesem Planeten befindet, für diejenigen Menschen tun könnte, die dort bereits leben und keine so gute Zeit haben. Oder für die Umwelt.

In der Tat zerbrechen einige Freundschaften an der Kinderfrage. Aber sind das dann wertvolle Freundschaften, wenn sich die Eltern plötzlich nur noch für kinderbezogene Themen interessieren? Wenn sie automatisch davon ausgehen, dass die Kinder von nun ab bei jedem

Treffen dabei sind, auch wenn dieses nicht bei ihnen daheim stattfindet? Wenn sie automatisch davon ausgehen, dass man jetzt nur noch Dinge macht, die »allen Spaß machen« (die aber de facto hauptsächlich den Kindern Spaß machen, allerhöchstens noch den Eltern, am wenigsten aber mit ziemlich hoher Wahrscheinlichkeit den Freunden)? Was spricht eigentlich gegen das gelegentliche Bemühen einer anderen Fürsorgeperson? Dann kann man auch mal abends wieder was machen. Oder ungestört reden. Es sind in der Regel nämlich gar nicht die Kinderfreien, die mit den Eltern nichts mehr zu tun haben wollen, es sind die Eltern, die den Kinderfreien das Gefühl geben, an hundertster Stelle zu stehen und fast nur noch Unternehmungen vorschlagen, die Letztere verständlicherweise langweilen oder gar nerven.

Besonders traurig aus feministischer Perspektive ist natürlich, dass es leider wirklich oft die Frauen sind, die so vollkommen in der neuen Rolle aufgehen, dass man über kein anderes Thema mehr mit ihnen reden kann. Natürlich betrifft die Mutterschaft ihren Körper, ihre Psyche, ihr verändertes Leben auch mehr, als dies beim Partner der Fall ist, aber trotzdem. Es betrübt ungemein, wenn man mit ansehen muss, wie zum Beispiel aus einer lustigen, interessanten Kollegin mit vielen Interessen eine hauptberufliche Mutter wird. Die keine Ahnung mehr zu haben scheint, was in der Welt vor sich geht – und das offensichtlich auch gar nicht mehr wissen will. Als wäre sie in einer Baby-und-Mami-Blase gefangen, die vielleicht andere zerplatzen lassen wollen, sie selbst aber nicht.

Solche Transformationen gibt es in unterschiedlich starken Ausprägungen, das versteht sich von selbst. Aber die Häufigkeit, mit der mir solche Verwandlungen in den letzten Jahren begegnen, ist schon bedenklich. Sie befremdet nicht nur das soziale Umfeld der betroffenen Frauen, sondern wird auch von diesen selbst über kurz oder lang registriert, wenn sie eines Tages erwachen und entsetzt feststellen müssen, dass sie sich selbst total ins gesellschaftliche Abseits manövriert haben. Aus diesem wieder herauszukommen, bedarf einer Kraft, die nicht alle aufbringen (können). Man sollte sich also wirklich sehr gut überlegen, ob man sich selbst aufgeben will zugunsten eines Projekts, das eine riesige Zahl von Nachteilen hat, wie noch gezeigt werden wird. Und nein, ein Kinderlächeln macht nicht *alles* wett.

Auswirkungen und Gefahren von Schwangerschaft und Mutterschaft

Auch heute noch können Frauen bei der Geburt ihres Kindes sterben. Natürlich sind solche Horrorgeschichten Seltenheiten, aber allein, dass sie immer wieder vorkommen, zeigt, dass Schwangerschaft und Geburt nach wie vor risikoreiche und komplikationsanfällige Vorgänge sind und das gilt auch im Jahr 2019. Zwar soll die Aussage von Manuela Nöthen vom Statistischen Bundesamt beruhigen, dass 2008 »nur« 36 Mütter in Zusammenhang mit Schwangerschaft und Geburt starben, doch im Einzelfall ist letztlich jeder dieser Todesfälle nicht zu verschmerzen. Eine Schwangerschaft bedeutet vor allem für ältere Frauen eine nicht von der Hand zu weisende Gefährdung. Eine 2017 veröffentlichte Studie aus Vancouver zu *Maternal Age and Severe Maternal Morbidity* stellte fest, dass gerade für Frauen ab 35 ein signifikant erhöhtes Risiko bestehe, Schock oder Fehlgeburten und sogenannte leichtere Komplikationen wie Schwangerschaftsdiabetes, erhöhten Blutdruck, Gestose, eine tief liegende Plazenta oder Thrombosen zu erleiden.[8] Blutungen, Infektionen, Umweltgifte, Erbkrankheiten, Früh- oder Totgeburten und tausend andere mögliche Risiken für Schwangere sind hinlänglich bekannt. Beispielsweise Uterus- oder Blasenprolaps, hängende Brüste, Hyperpigmentation im Gesicht, ausgeleierte Muskulatur im Unterleib (die nicht zuletzt in reduzierten sexuellen Empfindungen für die Frau und auch für ihren Partner resultieren), Hämorrhoiden etc. Manche verlieren einfach auch »nur« Haare und Zähne, legen ungemein an Gewicht zu etc.

Sicher ist eine Schwangerschaft ein natürlicher Vorgang, aber aus dem Tierreich wissen wir, dass im Reich der Säugetiere eine Geburt trotzdem ein stets riskanter Vorgang ist, der seinen Tribut vom Körper der Mutter fordert. Das ist einfach so. Da hilft auch keine Schönfärberei à la »Ich liebe deine Schwangerschaftsstreifen«, die Natur ist grausam, misogyn. Aber man hat ja die Wahl: Ob man den Körper einer Frau behalten will, der nicht geboren hat, also wahrscheinlich auch nie inkontinent wird. Oder ob man sich selbst hinopfern will auf dem patriarchalen Altar. Wofür? Um auf Söhne zu hoffen, die ihre Erzeugerin später mit Songs wie »Alles Schlampen außer Mutti« ehren? Während der Geburt selbst kann es zu Störungen der Wehentätigkeit, Problemen aufgrund von Anomalien innerhalb der Geburtswege, Lageanomalien des Kindes, Verletzungen der Geburtswege, Geburtsstillstand oder zu Nabelschnurkomplikationen kommen. Fruchtwasserembolien, ein weiteres bekanntes

Risiko, enden für Mutter und Kind nicht selten tödlich. Nach der Geburt hatte schon so manche Mutter einen so gravierenden Blutverlust, dass sie nicht nur Blutkonserven brauchte, sondern trotz selbiger beispielsweise ins Koma fiel (so geschehen bei meiner Brieffreundin in Frankreich, welche die ersten Wochen ihrer Zwillinge aufgrund einer solchen Komplikation nicht miterleben konnte). Thrombose, Schlaganfall, Herzinfarkt kennen wir bereits als Risiken aus den Pillen-Beipackzetteln und sind auch Gefahren, die eine Frau in den Wochen nach der Geburt zusätzlich unmittelbar bedrohen.

Das Online-Magazin *Healthyway* veröffentlichte am 10. Februar 2017 einen Artikel mit dem Titel *14 Ways Your Body Will Never Be the Same after You Have a Baby*, der weitere negative Aspekte auflistet, die im Kontext der oben erwähnten umfassenden Bedrohungen aber nicht so gravierend erscheinen: Es drohen zusätzliche starke Behaarung an zuvor unbehaarten Stellen, mehr Cellulite, häufigere Verstopfung, größere, breitere, flachere Füße (bis zu einer ganzen Schuhnummer mehr), einen sich verkleinernden Uterus, was oft zu krampfartigen Schmerzen führt usw. usf. Der Anteil von Müttern, die – befragt im Zeitraum von ein bis zwei Monaten nach der Entbindung – angeben, unter Rückenschmerzen zu leiden, liegt bei 44 Prozent.[9] Auch psychisch sind mehr Mütter, als man denkt, mit dem Trauma der Geburt überfordert, stürzen in tiefe, postnatale Depressionen oder haben über längere Zeit mit anderen Einschränkungen zu tun. Manche entwickeln Hass auf den Mann, der sie in diese Lage gebracht hat und nicht bei allen Frauen verschwindet dieser wieder, wenn die Geburt überstanden ist. Vor allem, wenn sie allein daheimsitzend merken, dass sich für den Mann eigentlich nicht viel verändert hat, während sie plötzlich umfassend eingespannt sind in die biologisch und kulturell verordneten Zwänge des Mutterdaseins. Reine Care-Arbeit befriedigt eben nicht alle Frauen, vor allem, wenn sie zuvor sehr wohl ein von beruflichen Anforderungen, politischen Aktivitäten oder aktiven Freizeitinteressen geprägtes Leben gehabt haben. Im Gespräch mit mir äußerten zwei Regensburger Mütter, depressiv zu sein, da sie seit der Entbindung beruflich keinen Fuß mehr auf den Boden bekommen hätten. Zudem klagte eine davon über massive Rückenschmerzen – bedingt durch das Herumheben ihres Kindes. Schon ein Bruchteil dieser Probleme reicht aus, Tokophobie (Schwangerschaftsphobie) entstehen zu lassen – wenn man sie vorher nicht schon hatte!

»Das liegt halt in der Natur der Sache« oder »Dafür bekommt man ja auch was« sind dann Repliken, die vor allem Männer achtlos in den Raum werfen, wenn es um solche Risiken geht. In der Tat, meistens bekommt man ein Baby dafür. Aber das bekommt der Vater auch – und dies, ganz ohne körperliche Abstriche machen zu müssen. Bücher wie »Gewalt unter der Geburt« widmen sich ausgiebig den quälenden Prozessen im Körper in Kombination mit erniedrigend-übergriffigen und gefährlichen Praktiken im Hebammen- und Klinikalltag, denen man als Gebärende unterworfen ist. Man sollte meinen, dass es tatsächlich eine Vielzahl von Aspekten gibt, die potenzielle Mütter abschrecken müssten, aber es sind in Deutschland bekanntlich immer weniger Frauen, die sich trauen, die Rolle abzulehnen, welche viel Selbstverleugnung erfordert, aber dafür vom Patriarchat auch belohnt wird. Man ist dann eine »gute« Frau, die ihre Pflicht getan hat. Eine weitere Rolle spielt in diesem Zusammenhang unter Umständen, dass sich der gesellschaftliche Bias zugunsten der Fortpflanzung in den Statistiken zu den Opferzahlen fortpflanzt, was als eine Form der Zensur benannt werden muss.[10] Es wird alles getan, damit dem Staat keine künftige Brüterin verloren geht.

Umgang mit Gebärenden

Wie mit schwangeren Frauen auf Gebärstationen umgegangen wird, verrät etwas über das Frauenbild, mit dem sie es auch außerhalb der Kliniken zu tun haben. Es ist eines, das Frauen in erster Linie als Reproduktionsträgerinnen sieht. Oder höchstens noch, falls sie unter 30 sind, als Objekte, denen mittels unnötiger Operationen eine möglichst pornografische Aura verliehen werden soll. Wer diesen abstoßenden Gedanken spontan negieren möchte – was durchaus verständlich wäre –, für den könnte sich lohnen, seine eigenen Interaktionen mit dem anderen Geschlecht, durch die verschiedenen Phasen von Kindheit, Pubertät und Menopause hindurch, vielleicht noch einmal kritisch zu reflektieren. Natürlich ist es löblich, solche Behandlungen aufzudecken, diese ans Licht der Öffentlichkeit zu bringen und dagegen zu kämpfen. Noch klüger wäre es aber, einfach nicht mitzumachen und sich dem Fortpflanzungsgebot zu widersetzen. Wieso sich für gute OP-Bedingungen einsetzen, anstatt das Silikon gar nicht erst in die eigene Brust implantieren zu lassen und sich damit einen Haufen Unannehmlichkeiten zu ersparen? Es sollte doch darum gehen,

Risiken auszuschalten oder zu reduzieren, nicht (nur) diese zu verwalten. Da bei einer Geburt für eine Frau immer Risiken gegeben sind, diese sich nur reduzieren, aber wahrscheinlich nie ausschalten lassen, gibt es bereits aus gesundheitlicher Sicht ausreichend Argumente dafür, sich diese Prozedur einfach ganz zu ersparen.

Manche mögen es unangemessen finden, Schwangerschaft und Geburt mit beispielsweise einer Brustvergrößerungs-OP zu vergleichen, doch tatsächlich gibt es vielfältige Parallelen: Eine Frau begibt sich – gehen wir mal davon aus: – *absichtlich* in eine große Gefahr, die nicht nur ihrem Körper massiv und multipel schadet, sondern auch ihre Psyche und ihr weiteres Leben negativ beeinflusst. Zudem werden ihr Geld, Zeit und Kraft abgezogen. Und, *last, but definitely not least*: Sie folgt damit männlich dominierten Außensichten auf und Ansprüchen an ihren Körper und dessen Funktionen und verhält sich damit insofern auch submissiv. Sie lässt/ließ sich erfolgreich einreden, dass sie das selbst wolle, dass sie das alles (auch) für sich mache. Perfekt, Gehirnwäsche erfolgreich abgeschlossen. Durch ein bestimmtes mediales Bild lassen sich manche Frauen bekanntlich so weit bringen, zu glauben, ohne monströse Brust nicht besonders toll zu sein. Genauso ist es mit der Mutterschaft. Manche Frauen lassen sich einreden, ohne Kind keine vollwertige Frau zu sein. Manchen erscheint es vielleicht sogar wirklich so, als wäre das ihr ureigenster Wunsch. Aber das erscheint den Brust-OP-Frauen oft genug auch so, nur ist da der Fall klarer. Immer öfter treten beide Phänomene auch tatsächlich gekoppelt auf, wenn sich Mütter den durchs Stillen »verformt und leer«[II] wirkenden Busen operativ wieder »attraktiver« gestalten lassen.

Warum muss man sich das alles antun? Liegt es an dem deutschen Mütterlichkeitsmythos, der Frauen diesen Zustand erstreben lässt, weil man nicht als gesellschaftlicher Outsider gesehen werden will? Indem Mutterschaft insgesamt romantisiert wird, wird die Unterwerfung der Frau in Familie wie Gesellschaft naturalisiert und normalisiert. Dem müssen wir etwas entgegensetzen und nicht mitmachen! Gerade für Frauen aus anderen Ländern, die keinen oder keinen ausreichenden Zugang zu Verhütungsmitteln haben oder die aufgrund häufiger Vergewaltigungen immer wieder ungewollt schwanger werden, ist es eigentlich ein Schlag ins Gesicht, dass sich Frauen in den westlichen Gesellschaften, die von sehr viel mehr Wahlmöglichkeiten und Freiheiten gekennzeichnet sind, unbedingt fortpflanzen wollen. Keine Abtreibungsmöglichkeiten zu haben, als alleinerziehende Mutter jeden Cent fünf Mal umdrehen zu müssen, in schrecklichen Partnerschaften zu bleiben – »zum Wohl des Kindes« – das sind Tragödien.

Agata Jagoda schreibt auf ihrem Blog, dass sie als frisch gebackene Mutter ein Jahr lang Schmerzen beim Sex hatte und zudem Zustände bekam, wenn sie gerade ihr Kind gestillt hatte und kurz drauf »ihr Freund ihre Brust lutschen« wollte. Wen wundert das? Sie selbst erkennt durchaus, dass man als Frau ständig mit sämtlichen Rollen jonglieren soll. Warum spart man sich dann nicht einfach diejenige, welche am meisten dazu angetan ist, einen körperlich, seelisch, beruflich, finanziell und zeitlich zurückzuwerfen? Die Autorin enttäuscht jedoch profund am Ende ihrer kurzen Klageschrift, als sie postuliert, dass das, was sie als Mutter leiste, so viel mehr wert sei als irgendein Job, und damit in die exorbitante

Anmaßung der Über-Mamis verfällt. Nimmt man diese sehr pauschale Aussage aus dem individuellen Rahmen heraus und setzt sie in einen gesellschaftlichen Kontext, muss man fragen, warum es so wertvoll sein soll, ein einziges kleines Wesen zu versorgen. Retten beispielsweise Ärztinnen in derselben Zeit nicht Hunderte, Tausende von Leben und setzen dabei oft das Leben fremder Menschen über ihr eigenes? Im Vergleich dazu folgt eine Mutter letztlich demselben Programm wie nicht-menschliche Tiere – mit dem Unterschied, dass der Arterhalt im Zeitalter des Anthropozäns beziehungsweise der vielfältigen menschengemachten Katastrophen eher zu einer Frage der Begrenzung von Fortpflanzung geworden ist.

Eine öffentliche Wahrnehmung schaffen

Es geht nicht darum, Mutterschaft abzuwerten. Es geht vielmehr darum, die antifeministischen Implikationen dieses Konzepts aufzuzeigen, in aller Deutlichkeit auf die ausgrenzenden gesellschaftlichen Wertsetzungen zulasten Kinderfreier hinzuweisen und die Probleme zu thematisieren, die sich vor dem Hintergrund des Zustands unserer Umwelt ergeben. Kein Mensch bestreitet, dass jemand, der sich um ein Baby kümmert, einer anspruchsvollen, fordernden Tätigkeit nachgeht; aber muss diese Person daher anderer Leute Tätigkeiten – wie oben geschehen – ihrerseits abwerten? Wie viele neue Babys brauchen wir noch, wo wir schon so viele haben?

Schauspielerin Anna Kendrick meint, dass Eltern den Kinderfreien durchaus dankbar sein könnten. Immerhin würden Letztere den Überlebenskampf ihrer

Nachkommenschaft um Ressourcen wie beispielsweise Wasser etwas mildern. Recht hat sie. Schauspielkollegin Marisa Tomei sagt, dass Frauen auch ohne Kinder komplette, vollständige Lebewesen seien. Was selbstverständlich sein sollte, ist es offenbar nicht – Frauen werden als Nicht-Mütter von vielen als nicht vollwertig eingestuft. Ein Problem, das Männer in unserer misogynen Welt nicht oder kaum betrifft. Gerade Schauspielerinnen, die durch ihre Tätigkeit besonders im Rampenlicht stehen, fallen zwar oft durch Rechtfertigungen dafür auf, warum sie kinderfrei leben würden. Aber immerhin spiegeln sie Rollenmodelle, die eine breite Masse erreichen und ermutigen kann. Um mit einer feministischen Bloggerin zu sprechen: Es ist eine Zumutung, von kinderfreien Frauen ständig Erklärungen für ihre Entscheidung zu fordern. Es bedarf einer neuen sozialen Norm, die umgekehrt von Eltern eine Erklärung dafür erwartet, warum sie glauben würden, gerade *sie* hätten das Recht, unser aller Leben auf diesem Planeten noch weiter zu gefährden.

Aus der Kategorie eigentlich überflüssiger, aber immerhin satirischer Rechtfertigungen stammt auch Ellen de Generes Verlautbarung, dass ihre Partnerin und sie Kinder ach so gern hätten, aber letztendlich wäre doch zu viel Glas in ihrem Haus. Wieder einmal ist die schlechte Presse, die man gerade als kinderfreie Frau bekommt, vermutlich ein Hauptmotor für solche Äußerungen.

Unsere Gesellschaft propagiert Mutterschaft als etwas, das gute, brave Frauen für sich wählen. Somit ist dieser Rolle auch ein gewisses Privileg inhärent.[12] Allein die Erwähnung kinderfreier Räume kann bekanntlich einen Shitstorm auslösen. Die Autorin A. Lynn hat dies am eigenen Leib erfahren und bei einem solchen Anlass einmal in kürzester Zeit 700 negative Kommentare bekommen. Diesen Befund bestätigen auch die Forscherinnen Melissa Graham und Stephanie Rich in ihrem Text *Representations of Childless Women in the Australian Print Media* vom 2. November 2012. Mächtige Diskurse, produziert und verbreitet durch soziale, politische, medizinische und religiöse Institutionen werden von den Medien tatkräftig unterstützt: Frausein, Reproduktion, Mutterschaft – das gehöre einfach zusammen. Was für die australischen Medien gilt, lässt sich auch in den deutschen Medien wiederfinden. Diese Macht gilt es zu brechen.

Regretting Motherhood

In diesem Kontext stellt die *Regretting-Motherhood*-Debatte ein besonders drastisches Beispiel dar. Die Reaktionen auf Orna Donaths Buch *Regretting Motherhood* haben nicht nur gezeigt, wie tabuisiert die Nachteile der Mutterschaft für Frauen tatsächlich sind, sondern auch, was es in einer medial vernetzten Welt bedeuten kann, wenn dieses Tabu gebrochen wird. Donath, die sich auf die Situation in Israel bezieht, hatte festgestellt, dass mehr Frauen als gedacht die Entscheidung bereuten, Mutter geworden zu sein. Wie schwer das Sprechen über die und Eingestehen der empfundenen eigenen Defizite für Mütter ist, zeigen auch die Versuche, die eigenen Aussagen möglichst abzufedern: beispielsweise dadurch, dass man zunächst mit großer Vehemenz betont, man liebe seine Kinder über alles. Erst dann darf das »Aber« geäußert werden.

Auch wenn es Aussagen von Müttern gibt, die mit ihrem Nachwuchs rein gar nichts anfangen können, wollen die meisten auf keinen Fall in diese vermeintliche Pariah-Ecke gestellt werden. Wo man als bereuende Mutter in einer reproduktionsfixierten Welt ohnehin schon angefeindet wird, wird vieles, das kritisch vorgebracht wird, letztlich abgemildert. Eine gewisse Anzahl von mütterlichen Beschwerden qualifizieren zudem nicht als ernst zu nehmende Kritik; dieser Art des »Pseudo-Gejammeres« geht es nicht um das Aufzeigen einer tatsächlich beklagten Benachteiligung, sondern um das Ausstellen des eigenes Leidens und damit zugleich die Überhöhung der Mutterschaft selbst. Gerne werden solche unproduktiven Klagen beendet mit einem geseufzten »Aber das ist halt so als Mama« oder Ähnlichem.

Auch eine Studie des britischen Markt- und Meinungsforschungsinstituts YouGov besagt, dass 20 Prozent aller Eltern mit ihrem Status so unzufrieden seien, dass sie diese Entscheidung anders fällen würden, wenn sie die Möglichkeit dazu hätten. Immerhin 1.228 Eltern wurden befragt und vor allem Paare mit Babys outeten sich erwartungsgemäß als sehr unglücklich, wobei die Gründe vor allem Zeit-, Schlaf- und Geldmangel waren. 2016 stellte ebendiese Studie außerdem fest, dass zwischen 18- bis 40-jährigen Frauen und Männern Diskrepanzen bestünden: 52 Prozent der Frauen hätten gern mal Kinder, aber nur 34 Prozent der Männer. 21 Prozent der Frauen wollten gar kein Kind, ebenso wie 24 Prozent der Männer. Letztere gaben an, dass ihnen Glück und Freiheit wichtiger seien. Die Zahlen zeigen, dass Erziehung und Konditionierung der Frauen sich offensichtlich in einem gesteigerten Bedürfnis nach Kindern niederschlagen. Ihnen wurde erfolgreich eingebläut, dass sie als Frauen Glück und Erfüllung in vollen Windeln finden – eine Lektion, die die Jungs nicht im gleichen Maße verinnerlicht hatten, was sicherlich auch mit einer immer strenger geschlechtersegregierten, rückwärtsgewandten Spielzeug- und Filmindustrie für die Kleinsten zusammenhängt. Was seit den 70er-Jahren und bis teilweise noch in die 90er-Jahre so unglaublich wohltuend out war, ist mittlerweile mit Wucht zurückgekommen: Rosa im absoluten Overkill für Mädels, die mit Püppchen, Krönchen und so weiter für genau die Rollen geformt werden, die sie als brave Frauchen auch mal übernehmen sollen: Sexualobjekt und Reproduktionsmedium. Die jungen Paschas hingegen werden in dem gefördert, was ihnen angeblich qua Natur sowieso schon mehr liegt: Wildheit, Freiheitsdrang, Eroberungswut etc.

Aber zurück zu *Regretting Motherhood*. Beliebige Internetrecherchen manifestieren, dass unglaublich oft Suchanfragen gestartet werden wie »Meine Kinder nerven mich zu Tode«. Vielleicht sind das Mütter, denen es geht wie der französischen Publizistin Corinne Maier, die den Mut hatte, das Buch *No Kid – 40 Gründe, keine Kinder zu haben* zu veröffentlichen. Obwohl sie dies als mehrfache Mutter und nicht als Kinderfreie tat und damit einen Hauptvorwurf des selbstgerechten patriarchalen Mobs im Grunde entkräften konnte, wurde sie medial gesteinigt. Selbst seriöse Tageszeitungen wie die *Süddeutsche Zeitung* interviewten Frau Maier auf derart suggestive Weise, dass bereits die Fragestellungen eine Vorverurteilung der Maierschen Position und eine Verkennung ihrer Hintergründe enthielten. Es schien, als wollte man kein gutes Haar lassen an so einer wandelnden Schande für die anderen, guten Mütter. Maier hatte in aller Deutlichkeit von Kindern in ihrem Buch als Monstern, Bälgern, Liebestötern, programmierten Enttäuschungen und Lärmbelästigungen gesprochen. Das war offenbar zu starker Tobak, obwohl mit Sicherheit jeder und jede Kinder kennt, auf die eben diese Attribute zutreffen. Maier erkennt hellsichtig, dass es die Politik ist, die Kinder fordert, um weiteren Konsum und damit Wachstum abzusichern und den Fortbestand der Nation zu gewährleisten. Die einzelne Frau spiele in dieser Hinsicht keine Rolle. Aus meiner Sicht ist ihr in diesen Punkten vollkommen zuzustimmen und da unterscheidet sich Frankreich kaum von Deutschland (nur dass es bekanntlich bei den Nachbarn im Westen eine bessere Infrastruktur gibt, um den Müttern ein wenig Arbeit abzunehmen). Überall sind pronatalistische, in der Regel konservative Politiker mit ihrer Mission unterwegs – wie zum Beispiel der US-amerikanische Republikaner Mitt Romney, der die Absolvent_innen einer College-Abschlussfeier aufforderte, möglichst bald viele Kinder zu bekommen! Im Buch *Die Mutterglück-Lüge* bedauert Sarah Fischer, dass Mutterschaft in Deutschland immer noch mit vielen persönlichen und beruflichen Einschränkungen verbunden sei – nicht wirklich eine neue Erkenntnis. Auch die Tatsache, dass es Väter leichter haben, dürfte hoffentlich allen bekannt sein. Fischer thematisiert zudem eine neue Trias: Mutter-Spender-Kind. Damit man sich sein Grab auch ganz allein schaufeln kann.

Man fragt sich bei der Lektüre des Fischerschen Werks, warum man um jeden Preis Mutter werden muss. Welcher unwiderstehlich starke Imperativ treibt Frauen zu so etwas? »Die Biologie« kann es ja wohl nicht sein (vgl. Sarah Diehl: *Die Uhr, die nicht tickt. Kinderlos glücklich* oder auch Sonja Siegert: *Ich will kein Kind. 13 Geschichten über eine unpopuläre Entscheidung.*). Bei manchen sind es die Erwartungen der Eltern; eigene Mütter, die die Leere in ihrem Leben durch Enkel füllen wollen. Für viele ist es die »allgemeine gesellschaftliche Erwartungshaltung«. Kinder kriegen ist das, was man eben einfach macht, wenn man 30 und verheiratet ist und einen Job hat. Wer dieser konservativen Normalbiografie nicht entsprechen möchte, wird als unnatürlich gesehen, vor allem wenn es sich um eine Frau handelt. Man gerät unter massiven Rechtfertigungszwang, der niemandem Spaß macht. Dann lieber mit den anderen Mamis über Schlafmangel jammern. Als Kinderfreier fehlen einem mindestens zwei Statussymbole: ein Junge und ein Mädchen – na klar. Man kann bei bestimmten Geburtstagsfeiern nicht mehr mitreden und nichts scheint fataler, als irgendwie außen vor zu sein und nicht mit der Masse zu schwimmen.

Interessant ist auch, wie Eltern oft versuchen, dieses ach so grandiose Lebensmodell anderen Paaren »im passenden Alter« aufzudrängen. Kaum schiebt man für zwei Minuten den Kinderwagen, damit sich die Mutter die lockeren Schnürsenkel neu binden kann, schon bekommt man mit dem dazugehörigen Unterton zu hören: »Danke! Das steht dir!«

Leute, die sich fortgepflanzt haben, sind nicht selten

davon überzeugt, über Nacht total erwachsen, erfahren und allwissend geworden zu sein – und halten dementsprechend den ahnungslosen Kinderfreien Vorträge über das Leben. Prophezeiungen à la Kassandra dürfen da natürlich nicht fehlen. Eine der häufigsten ist »Du wirst deine Meinung schon noch ändern« inklusive wissendem Kopfnicken. Diejenigen Kinderfreien, die kleine Kinder nervig finden, versuchen Eltern mit Sprüchen wie »Man findet nur andere Kinder lästig, die eigenen nicht« zu überzeugen. Auch die Betonung im Fünf-Minuten-Takt, wie großartig das Leben mit Kindern doch sei, wirkt oft aufgesetzt und scheint mehr der eigenen Versicherung zu dienen. Ein weiterer Aspekt, der bisweilen ins Feld geführt wird, ist die (angeblich) bedingungslose Liebe, die man dem eigenen Kind »automatisch« entgegenbrächte. Es ist die Frage, was diese Bedingungslosigkeit eigentlich ausmacht. Die Tatsache, dass man selbst zu 50 Prozent an der Entstehung des Liebesobjekts beteiligt war? Auch ein Hund liebt sein Herrchen bedingungslos, bei anderen trifft das für ihre Liebe zum Haustier zu. Da ist es schon beeindruckender, einen ganz fremden Menschen »bedingungslos zu lieben« – wenn man sich überhaupt auf so eine alberne Liebeshierarchie einlassen möchte.

Weiterreichende Implikationen

Die Glorifizierung der Mutterschaft hat zur Folge, dass Abtreibungen in ein noch schlechteres Licht rücken – wie man allerorts beobachten kann. Dabei ist doch der Kampf für das Recht, mit seinem Körper machen zu können, was man als Frau selbst für richtig erachtet, eine der klassisch feministischen Forderungen. Geburtenkontrolle, auch in dieser Form, muss unbedingt mehr Unterstützung erfahren, nicht weniger. Allein schon deshalb, weil Fötusrechte im Prinzip Väterrechte sind, die von den Maskulinisten geschickt gegen Frauen überall in der Welt eingesetzt werden. Nicht nur in Polen, das quasi traditionell gegen Schwangerschaftsabbrüche eingestellt ist, sondern auch in Deutschland wird der Ton dank des Backlashs wieder schärfer. Ärzt_innen, die auf ihrer Internetseite Informationen bereitstellen für Frauen, die einen solchen Schritt erwägen, sehen sich unglaublichen Gerichtsprozessen ausgesetzt. Abtreibungskliniken sollen zur Schließung bewogen werden – und dazu ist jedes Mittel recht, Klagen, Demos, illegale Aktionen. Schuld, Angst, Trauma – dass manche Frauen so etwas erleben müssen, wenn sie ihr Recht auf Abtreibung nutzen, ist vor allem die Schuld der Maskulinisten, die ihnen einreden, dass sie Mörderinnen seien, wenn sie einen Zellklumpen entfernen, der kaum etwas mit einem fertigen Lebewesen zu tun hat. Dass auch heute noch immer wieder selbst verursachte Abgänge oder (Früh-)Geburten unter anderem auf öffentlichen Toiletten stattfinden, sind disaströse Auswüchse einer repressiven, antifeministischen Praxis, die Frauen um jeden Preis zu Müttern machen möchte. Und gerade in diesem Kontext entlarven sich die sogenannten Lebensschützer selbst: Sie schützen ungeborene Kinder, die ihnen wichtiger sind als erwachsene Frauen.

In dieser Priorisierung des ungeborenen Lebens liegt eine patriarchale Abwertung von Frauen, an die wir uns vielleicht gewöhnt haben, die uns aber dennoch in letzter Konsequenz auf die Gebärfunktion reduziert. Die

Parteinahme für die Ungeborenen paart sich mit vielfältigen, teilweise rasssistischen Anliegen: Man braucht ja die neuen Menschenmassen, damit Deutschland mit seinem tollen Rentensystem und seiner phänomenale Wirtschaft nicht ausstirbt. Und damit der Islam hier nicht die *gefühlte* 50-Prozent-Marke knackt – und diese ist oft schon bei wenigen Prozent erreicht.

Absurderweise sind es oft männliche Vertreter der Kirchen, die sich gegen den *childfree lifestyle* aussprechen, darunter viele, die dem Zölibat unterliegen – gönnen sie etwa den Frauen nicht, was sie selbst genießen? Diese Frage ließe sich Bischof Robert Barron stellen, der sich im Themenheft *The Childfree Life. When Having It All Means Not Having Children* des *TIME Magazine* im August 2013 zu Wort meldete. Immerhin zitiert er darin den Befund von Londoner Forschern, dass ein Zusammenhang bestehe zwischen Kinderfreiheit und Intelligenz. Dass Barron Klugheit und Unabhängigkeit bei Frauen allerdings nicht wirklich schätzt – wie so viele Vertreter der katholischen Kirche – beweist die klare Botschaft seines ernüchternden Artikels: *pro domo*.

Die Soziologinnen Amy Blackstone (University of Maine) und Mahala Dyer Stewart (Amherst) haben in ihren Forschungen den von Barron benannten Zusammenhang bestätigt. Je intelligenter die Menschen, desto höher die Wahrscheinlichkeit, dass sie kinderfrei bleiben. Darüber hinaus stellen sie fest, dass Kinder schlecht sind für die Selbstachtung![13] Blackstone wies zudem darauf hin, dass es für schwarze US-Amerikanerinnen noch härter sei, dem ideologischen Druck zu widerstehen, da Stolz auf die eigene Geschichte oft in direktem Zusammenhang mit einer Fortführung der eigenen Linie gedacht wird. Sie bestätigte außerdem die bereits erwähnten Resultate von Prof. Ashburn-Nardo, dass Kinderfreie, und zwar vor allem kinderfreie Frauen, viel Ablehnung und Anfeindungen erfahren – und das nicht nur beispielsweise von den eigenen Schwiegereltern, sondern auch in der Arbeit oder von komplett Fremden. Die herrschende kulturelle und politische Ideologie ist eben eine pronatalistische. Und das muss sich ändern.

Dass auch dem Staat die Frauen vor allem in ihrer Rolle als Gebärende wichtig sind, zeigt sich unter anderem in der Versetzungspraxis des Freistaats Bayern im öffentlichen Dienst. Hier werden sogar chronisch Kranke absichtlich und wissentlich benachteiligt: Müttern wird ihr Ortswunsch, auch wenn er nicht auf äußeren Zwängen beruht, eher gewährt als einer beispielsweise kranken Person, die seit Jahren Versetzungsanträge stellt. Es zählt nicht die Frau/Arbeitnehmerin, es zählt der weibliche Inkubator, der hoffentlich noch viele weitere kleine Staatsdiener zur Welt bringt. In dieselbe Kerbe haut auch ein aktuelles Urteil zugunsten eines Beamten, der für sein drittes Kind höhere »Bezuschussungen« durch mehrere Instanzen erfolgreich erstritten hat. Im Anschluss an dieses Urteil finden sich im Web zahlreiche Tipps für Eltern, die drei oder mehr Kinder haben, wie sie diese zusätzliche Einnahmequelle anzapfen können. Dass der Vorzug für Gebärende tatsächlich ein echter Fortpflanzungsstimulus ist, zeigt das Beispiel einer Referendarin. Im persönlichen Gespräch berichtete eine Referendarin, dass sie sich jetzt gleich schwängern lassen wolle, damit sie nicht eine Stelle in Franken (wo sie nicht hinwollte) zugewiesen bekäme. Sollen doch die Nicht-Mütter in irgendwelchen Käffern eingesetzt werden. Dabei hätten

Letztere noch Zeit und Kraft, am außerschulischen Leben teilzunehmen – und tun dies oft genug im Rahmen sinnvoller Betätigungen im ehrenamtlichen oder künstlerischen Bereich. Warum muss man als Elternteil eines Kleinkindes in einer begehrten Stadt wohnen, wenn man außer Teilzeit in der Schule, Spielplatz- und Cafébesuchen sowieso nichts unternimmt? Man muss in Anbetracht dieser Befunde fragen, ob der Freistaat Bayern ideologisch immer noch der reaktionären Frauen- und Geburtenpolitik NS-Deutschlands anhängt und die gedankenlose Herstellung eines neuen Menschen unterstützt, weil sie der örtlichen Lebensplanung dienlich ist.

Auch im allgemeinen Schulalltag werden Lehrer und Lehrerinnen mit Kindern bevorzugt: Ihre Stundenplanwünsche finden mehr Beachtung und ihnen werden seltener Vertretungen zugeteilt. Was das für Kinderfreie bedeutet, wird nicht zuletzt am ersten Schultag des Jahres deutlich, wenn Lehrerkolleg_innen mit eigenen Kindern, die an diesem Tag eigentlich Klassenleitung hätten, dafür sorgen, dass irgendein_e Kolleg_in ohne Kinder extra rein beordert wird, um sie einen ganzen Vormittag zu vertreten. Warum kann nicht der berufstätige Partner für diesen Anlass freinehmen? Diese gängige Praxis sorgt natürlich für böses Blut, wird von den Eltern aber weiterhin schamlos ausgenutzt. Das gilt auch für Krankheit – nicht (nur) für die eigene, sondern auch die des Kindes. So ist mir der Fall einer Lehrkraft bekannt, die systematisch jeden zweiten Dienstag bei ihrem »kranken« Kind daheimblieb – und prompt regelmäßig von jemandem vertreten wurde, der am Dienstag nicht zur ersten Stunde Unterricht hatte, aber extra früher auftauchen musste, um diese Vertretungsstunde zu halten.

Fragwürdig finde ich in diesem Kontext auch, wie Lehrkräfte mit eigenen Kindern meinen, sie hätten mehr Verständnis für die Schüler, da sie »so was ja selbst daheim haben.« Dabei lässt sich durchaus vertreten, dass auch das eigene Nicht-Involviertsein in aufreibende Kämpfe mit einer Nachkommensschar eine Ressource im Schulalltag sein kann. Immer wieder gibt es Eltern, die lieber anderen Eltern trauen als (kinderfreien) studierten Pädagogen, die seit Jahren täglich intensiven Kontakt mit Schülern haben. So wirkt sich die staatliche Abwertung von Kinderfreien, für die der Umgang im öffentlichen Dienst letztlich nur ein, mir allerdings hinreichend bekanntes Beispiel darstellt, auch auf deren allgemeine (Nicht)Wahrnehmung und (Nicht)Wertschätzung aus. Die einseitige Förderung von Arbeitnehmern, die Kinder haben, ist einfach nicht mehr zeitgemäß. Progressiver wäre es, Leute zu prämieren, die sich nicht gedankenlos fortpflanzen, weil man das halt so macht, sondern die einen ernst zu nehmenden Beitrag zum Umweltschutz leisten und gleichzeitig eine Rolle ablehnen, die gerade Frauen zwangsläufig ungemein einschränkt.

Selbst als Schwangere kann man im Staatsdienst schon kräftig von der staatlichen Sorge um den Nachwuchs profitieren – und noch einmal: hier geht es mitnichten um feministische Ziele, die sich ernsthaft auf die Wünsche von Frauen richten würden. Das Gebären ist ein, wenn nicht *der* wichtigste patriarchale Imperativ. Um ihn Frauen schmackhaft zu machen, lockt man sie mit Zugeständnissen wie diesen: Als werdende Mutter muss man nicht zum Dienst erscheinen, wenn am Arbeitsplatz im Winter gerade hohe Ansteckungsgefahr herrscht. Man darf in diesem Fall präventiv daheimbleiben. Auch hier klar ersichtlich: geschützt wird nur vordergründig die Frau. Fokus der Maßnahme ist eigentlich der Fötus. Andere Frauen werden ja auch ohne Bedenken in die Bazillenwolke geschickt – sie sind aber nicht trächtig und zählen somit auch nicht. Berufstätige Mütter weisen aufgrund der Krankheiten ihrer Kinder eine hohe Anzahl von Fehltagen in Jobs aller Art auf. Es stellt sich die Frage: Warum bleiben nicht auch mal Väter daheim? Wahrscheinlich wollen sich diese nicht anstecken, flirten lieber mit Kolleginnen, anstatt Wadenwickel zu machen und Hustensaft in brennende Kinderkehlen zu schütten.

Spermatokratie und die Produktion vermeintlichen Unglücks

Janice Raymond hat noch Ende des letzten Jahrtausends festgestellt, dass in der Spermatokratie die Frau nur eine »Ware zum Zweck der Züchtung«[14] ist. Und auch hier würde ich raten: Wer diesen sicherlich zugespitzten Gedanken spontan von sich weisen möchte, sollte den eigenen Lebensentwurf, die eigenen Entscheidungen, inneren und äußeren Konflikte in Familie, Partnerschaft und öffentlichem Leben einmal daraufhin befragen, welche Auskünfte sich zu diesem Thema daraus ehrlicherweise gewinnen lassen. »Solange nicht ebenso stark unterstützt und gefördert wird, dass Frauen unverheiratet bleiben und keine Kinder haben, wie unterstützt und gefördert wird, dass sie Kinder gebären und aufziehen, ist Zwangsmutterschaft nicht ernsthaft infrage gestellt.«[15] Und das ist Tatsache. Natürlich ist die normative Mutterschaft hierzulande nicht infrage gestellt, das soll sie auch ja niemals werden.

Und deswegen bedient man sich zahlreicher Strategien, um zu gewährleisten, dass Frauen wieder und wieder in die ewig gleiche Falle tappen. Allein die reaktionäre Glorifizierung der Mutterrolle verschleiert recht erfolgreich, wie es den meisten Müttern in Deutschland eigentlich geht, die bekanntlich unter Mehrfachbelastungen leiden: Teilzeitjob, Haushalt, Kinder, Selbstoptimierung etc. Es ist ein alter Hut, dass sich Frauen immer noch sehr viel mehr um Kinder und Hausarbeit kümmern und diesbezüglich ändert sich leider auch nichts oder jedenfalls zu wenig. Wer schon einmal bei einem Elternsprechtag war, weiß, wovon die Rede ist. Die anwesenden Väter kann man mit der Lupe suchen.

Es ist ein uraltes patriarchales Konzept, das Kinder*losigkeit* als Mangel konstruiert, um ausreichend gesellschaftlichen Druck zu erzeugen, damit die Frauen alles tun, um dieses vermeintliche Unglück zu vermeiden. Als Nicht-Mutter gilt man als unnatürlich, kalt usw. usf. – auch wenn man viel mehr tut als so manche Mutter. Es wird sentimentalisiert und verschleiert, dass Frauen in Deutschland in erster Linie als das interessant sind, was Janice Raymond in polemischer Eindringlichkeit und einer gewissen Brachialpoesie bezeichnet hat: »Embryogefäß, Bruthenne, Hormonkuh, Eierlegerin, Gebrauchsartikel, Rohmaterial für Wünsche und Zwecke anderer«[16].

Raymond ist es auch, die ebenfalls schon in den 90er-Jahren gewarnt hat vor den technologischen Entwicklungen, die den Reproduktionsfundamentalismus nur noch stärken – und zwar nicht nur ganz massiv, sondern auch, wie zu erwarten, ausschließlich auf Kosten der Frauen. Letztere sind zu unglaublichen Opfern bereit, um eine Rolle erfüllen zu können, in der sie angeblich qua Natur aufgehen. Diese Technologien hat Raymond schon damals als gefährlich, experimentell und erniedrigend klassifiziert. Dies geht aber noch weiter. Bedingt durch den Backlash schießen sogenannte Kinderwunschkliniken wie Pilze aus dem Boden. Fruchtbarkeitsprobleme sind gerade in Deutschland ein Problem, wobei nicht klar ist, ob das an dem steigenden Alter der künftigen Eltern liegt oder Umweltfaktoren bis hin zur Handystrahlung, die die Spermaqualität negativ beeinflussen (es gibt zahlreiche Theorien, welche hier nicht *en detail* thematisiert werden sollen). Natürlich muss dafür Abhilfe geschaffen werden, denn mit nichts lässt sich so wunderbar Geld machen wie mit verzweifelten Leuten – vor allem mit verzweifelten Frauen, denen man erfolgreich eingeimpft hat, dass sie als Nicht-Mütter keine vollwertige Frauen sind. Dass einige nach der endlich vollzogenen Familiengründung erst recht unglücklich sind, interessiert eigentlich niemanden. Abgesehen von ein paar anderen Regretting-Motherhood-Frauen, die froh sind, nicht alleine zu sein mit derartigen Gefühlen…

Kein Wunder, dass in anderen Staaten die Leihmutterschaft ein blühendes Geschäft geworden ist. Wenn man den Druck auf die Frauen nur groß genug macht, greifen sie zu allen Mitteln – auch dem, einer ärmeren Frau physische und psychische Schäden in Form der Leihmutterschaft zuzufügen, nur damit *sie* selbst dann ein Kind haben. So etwas gab es früher nur im Märchen – jetzt ist es traurige Wirklichkeit. Kim Kardashian ist ein prominentes Beispiel für die Inanspruchnahme einer Leihmutter für ihr drittes Kind. Die körperliche Integrität und die fundamentalsten Menschenrechte einer bestimmten Gruppe Frauen zählen – und da sind die Parallelen zum Prostitutionsgeschäft mehr als augenfällig – eben offenbar einfach wenig bis gar nicht. So schrieb eine Zeitschrift auch über diese »Methode« in lockerem Plauderton, dass sich Frau K. eben kein Wasser in den Beinen und sonstige Zustände antun wolle. Lagern wir die Drecksarbeit einfach in den Körper einer anderen Frau aus, kein Problem. Solange ein paar Dollar fließen!

»Es ist absurd, Frauen das Recht auf Arbeit in Prostitution, Pornographie und Leihmutterschaft zu gewähren, ohne ihnen die Mittel zu verschaffen, über diese sogenannten Rechte hinauszugehen.«[17] In beiden Fällen haben wir es mit einer sogenannten Wahlfreiheit zu tun, die schön neoliberal darüber hinwegtäuschen soll, dass hinter der Geschäftemacherei mit Frauenkörpern eine klare Systematik und eine kalte Organisation stecken. Die Opfer, also die »Produkte«, also die Frauen, sind im Einzelnen völlig egal. Hauptsache, das Geld fließt. Bei den prostituierten Frauen werden beispielsweise oft auch deren Kinder gleich mitausgebeutet oder benutzt, um die Mütter zu erpressen. Bekannt ist der Fall, wie eine Rumänin nur dadurch in der deutschen Prostitution gehalten werden konnte, dass man ihr drohte, ihr Kind umzubringen. Fakt ist, dass Frauen in und außerhalb der Prostitution eine *echte* reproduktionelle Selbstbestimmung brauchen. Sonst läuft es wie bisher: Man fügt sich in ein gegebenes Angebot, da der Konformismus ja tief in unserer Gesellschaft verwurzelt ist. Man kann sich wieder einmal die Fragen stellen, die Janice Raymond schon letztes Jahrhundert formulierte: »Warum aber das selbst bestimmte Handeln von Frauen innerhalb dieser Institutionen der Unterdrückung betonen, wenn dies nur dazu dient, diese Systeme zu stärken? Warum nicht das selbst bestimmte Handeln von Frauen in ihrem Widerstand gegen diese Institutionen offen legen – etwa, wenn sie den Mut haben, über Missbrauch in Pornographie und Leihmutterschaft Zeugnis abzulegen, auch wenn sie dabei riskieren, öffentlich ausgelacht zu werden? […] Warum sollen wir das Handeln von Frauen nur sehen, wenn es im Sinn der Kultur der männlichen Herrschaft ist?«[18] Und gerade die Figur der Mutter – Marien-Anklänge durchaus gewollt – ist eine, welche die Frau ja mit dem Resultat eines heterosexuellen Kontaktes zeigt, die infolgedessen sich selbst idealiter vergisst. Bis auf die Körperpflege, denn appetitlich aussehen soll sie ja bitteschön doch noch, vielleicht will man ja Geschwister für das Baby produzieren.

Auszug aus Mamitown

Es ist an der Zeit, sich von altmodischen Bildern und Vorstellungen nicht mehr einwickeln zu lassen und an die Ansätze der feministischen Glanzzeit der 70er-Jahre anzuknüpfen. Noch in den 80er-Jahren gab es ein deutlich kritischeres Bewusstsein. Der Backlash begann erst schleichend in den 90er-Jahren, um sich zu der Monstrosität auszuwachsen, die uns jetzt drückend im Nacken sitzt. Ein Spaziergang durch Regensburg sorgt bei mir regelmäßig für Verstimmungen: Gefühlt jede Frau zwischen 20 und 50 schiebt einen riesigen Kinderwagen vor sich her, auffallend oft auch Mehrlingswägen (vgl. die Risiken künstlicher Befruchtung). Aus der einst coolen Studentenstadt ist Mamitown geworden. Dieser Wandel hat den Charakter öffentlicher Plätze stark verändert –

ein Phänomen, das Elisabeth Badinter auch für Paris festgestellt hat. Familien mit Kindern besetzen immer mehr Orte, vor allem in räumlicher, aber auch in akustischer und olfaktorischer Hinsicht – wenn der Nachwuchs beispielsweise direkt auf dem Nachbartisch im Café gewindelt wird. Man mag das als nörgelnde Klage einer Kinderfreien verstehen, die diesen geteilten öffentlichen Raum gelegentlich einfach mal dafür nutzen möchte, in Ruhe ein Buch zu lesen. Aber die Veränderung durch den zunehmenden Fokus auf die Befindlichkeiten von Familien und ihren Nachwuchs ist real. Die Umnutzung des historischen Brunnens in ein Massenplanschbecken mag für viel Freude bei den Planschenden sorgen, aber sie steht auch dafür, dass in der Verwandlung der Öffentlichkeit in einen einzigen Kinderspielplatz etwas auf der Strecke bleibt. Die unendliche und ja auch stets fordernde Familiengegenwart bedeutet klare Einschränkungen für die kritische Reflexion und eine echte gesellschaftsverändernde Zukunftsplanung. In italienischen Städten gibt es mittlerweile übrigens bereits Schilder, die darauf hinweisen, dass ein Zierbrunnen kein Schwimmbad ist. Auch Venedig hat diesbezüglich Maßnahmen ergriffen. Die Stadtangestellte, die für diese Reformen verantwortlich zeichnete, begründete ihre Maßnahmen damit, dass kulturelle Denkmäler nicht degradiert beziehungsweise im wahrsten Sinne des Wortes mit Füßen getreten werden sollten.

Die ca. 22 Prozent Gender Pay Gap resultieren, wie einer Studie aus dem Jahr 2017 zu entnehmen ist, aus einer Vielzahl von Faktoren. Ja, Mädchen suchen sich (leider?) immer noch gern soziale und somit schlecht(er) bezahlte Berufe aus. Ja, manche Chefs sind echte Chauvis und beharren schon aufgrund ihres Alters auf althergebrachten Rollenklischees, trauen den weiblichen Mitarbeitern weniger zu etc. Und ja, manche Frauen verhandeln zu wenig oder zu ungeschickt. Aber auch die Auswirkungen der Mutterschaft sind in diesem Zusammenhang nicht von der Hand zu weisen. Wie viele Mütter arbeiten schon Vollzeit? Bei mehrfacher Mutterschaft häufen sich die karriereverhindernden Erwerbsunterbrechungen, sie führen zu weniger Berufserfahrung, was Frauen im beruflichen Umfeld oft an nachgeordnete Positionen verweist.

Also wenn schon Mutterschaft, dann wenigstens mit einem der wenigen Väter, die sich tatsächlich zu 50 Prozent einbringen – in jeder Hinsicht. Das würde den Gender Pay Gap deutlich verringern. Und den betroffenen Frauen auch zu anderen Vorteilen verhelfen. Denn bekanntlich wirkt sich berufliche Unzufriedenheit auch auf die Psyche aus. Wer sitzt schon gern als gefrustete Zuverdienerin mit Niedrigeinkommen daheim inmitten der Windelberge, während sich der Erzeuger auf Dienstreise mit allen möglichen Leuten amüsiert und zusätzlich networkt. Die Kluft, die dadurch zwischen Paaren entsteht, enthält durchaus auch eine Machtkomponente und dürfte in der Regel nicht zu einer für beide Seiten erfüllenden, partnerschaftlichen Beziehung beitragen.

Dies führt ja nicht selten auch dazu, dass die zu Hause verbliebene Familienmutter bei Gelegenheit gegen ein jüngeres Modell eingetauscht wird. Es gibt immer noch Frauen, die sich auf das so euphemistisch als *traditionell* bezeichnete Familienmodell einlassen und sich somit in eine nur als dumm zu klassifizierende Totalabhängigkeit von ihrem Mann begeben. Stattdessen sollte man lieber seine eigene Karriere voranbringen, eine Partnerschaft auf Augenhöhe führen (und keine Zwangsgemeinschaft zur Kinderbetreuung) und das verdiente Geld sinnvoll investieren. Damit gewinnt man auch gleich mehr Zeit für sinnvolle Aktivitäten, die Menschen oder Tiere oder Pflanzen retten, die schon da sind und denen es nicht gut geht, anstatt sinnlos weitere Lebewesen zu produzieren, weil man das Baby der Freundin so süß findet und so etwas auch gern hätte.

Krass ist auch, dass selbst Frauen, die besser verdienen als ihre Männer, im Haushalt mehr erledigen als ihre Partner. Liegt das alles am sogenannten Kümmersyndrom?[19] Am viel beschworenen Mutterinstinkt? Fühlt man sich als Frau einfach »automatisch« mehr zuständig für Haushalt und Kinder? Wie wir – unter anderem dank Elisabeth Badinter – seit den 1980er-Jahren wissen, ist der oft bemühte mütterliche Instinkt keine genetische Gegebenheit, sondern eine soziale Konstruktion, die als Keule wunderbare Dienste tut. Gern wird sie gegen Mütter eingesetzt, die zu wenig an ihre Brut denken wie die »karrieregeilen Rabenmütter«, oder gegen kinderfreie Frauen.

Die französische Feministin Badinter wurde 2010 vom *SPIEGEL* gefragt, ob sie hierin keinen Widerspruch sehe: Mutter und Feministin. So wie dies zu ihrer Zeit Simone de Beauvoir gesehen habe. Kompliment an das Magazin für dieses in deutschen Presseerzeugnissen selten thematisierte Spannungsverhältnis! Immerhin wendet sich Badinter aber dann doch gegen den sowohl in Frankreich als auch bei uns massiven Stillzwang, den die Krankenschwestern brav durchsetzen. Sie bringt diesen antifeministischen Trend zusammen mit dem Leitbild vom »l'enfant roi«: dem Kind als Herrscher und König, für das die Mutter ihre Interessen bitteschön so lange wie möglich hintanzustellen hat. In der Frau soll das »schlummernde Säugetier« geweckt werden, so Badinter wörtlich. Die Französin findet es befremdlich, dass viele junge Frauen die Rolle rückwärts so bereitwillig mitmachen und gern lange stillen und daheimbleiben – oft trotz guter Ausbildung. Sie sieht darin einen Rückschritt in die Zeit der Großmütter. Gerade das momentan wieder so gehypte Stillen schränkt Frauen zwangsweise und naturgemäß maßlos ein und schon Comedy-Serien wie *Little Britain* oder Marc-Uwe Klings *Känguru-Chroniken* machen sich lustig über das Stillen bis zur Einschulung. Dieser Bestandteil des Mutterkults wird als selbstverständlich im Sinne des Kindeswohls verkauft. Es fragt sich, wem bei diesem Thema das Mutterwohl am Herzen liegt? Wie oft hört man von schmerzhaften Brustwarzenentzündungen, weil die Kinder eben nicht wie liebevolle Partner mit der Brust umgehen. Und weil vielleicht nicht mal die Natur vorgesehen hat, dass jahrelang so exzessiv gestillt wird. Dementsprechend bezeichnet Badinter die kinderfreien Frauen – gerade in Deutschland – als Revolutionärinnen!

Dass die Erfindung des »Mutterinstinkts« wie die gesamte Kleinfamilie hauptsächlich ein Konstrukt ist, um Frauen aus Sicht des Patriarchats »sinnvoll zu beschäftigen«, zeigt auch die Tatsache, dass sich Männer keinen feuchten Kehricht um einen eventuell vorhandenen (oder eben fehlenden) Vaterinstinkt scheren: Wenn sie sich für den kinderfreien Lebensstil entscheiden, hadern sie nicht mit sich, fragen sich nicht, ob ihnen der »Vaterinstinkt« fehle oder ob sie ihn bloß unterdrückten. Nein, sie geben selbstbewusst an, dass berufliche Gründe für dieses Modell sprächen oder dass ihnen die Zweisamkeit in dieser Form so gut gefalle, dass sie der Partnerschaft das Risiko Kind nicht zumuten wollten.[20]

Die Verschmelzung von biologischer und sozialer Mutterschaft prägt unsere Gesellschaft bereits seit Luthers Zeiten. Im Mittelalter war zumindest eine kleine Gruppe von Frauen besser dran, denn Ammen kümmerten sich um die Kinder, während sich die adlige Mutter weiterhin entfalten konnte. Auch im heutigen Frankreich haben es Mütter besser als in Deutschland, um noch einmal Elisabeth Badinter zu Wort kommen zu lassen. Sie weist darauf hin, dass unsere Nachbarinnen im Westen im Anschluss an eine Geburt viel früher wieder am gesellschaftlichen, sozialen und erotischen Leben teilnehmen als deutsche Frauen. Dennoch befällt auch sie die Sorge in Anbetracht der vielen »leeren Gesichter« ihrer Landsleute, die neben den Sandkisten sitzen. Auch diese haben wohl nicht den Mut aufgebracht, gegen die soziale Norm zu handeln, den angeblich biologischen Imperativ als das zu entlarven, was er ist: ein Mittel, um Frauen unten, auf ihrem traditionellen Platz zu halten.

Blickt man auf die jüngere Generation in Deutschland, stellt man fest, dass wir es mit einem massiven Backlash zu tun haben, was die Geschlechterbilder angeht. Vor allem in Deutschland. Viele Jungs geben an, dass sie von ihrer künftigen Partnerin erwarten, daheimzubleiben, sobald sie Mutter ist. Um den Haushalt darf sie sich ebenfalls gern kümmern. Auch die Bilder und Assoziationen, die Kindern sofort kommen, sprechen Bände. So erklärte beim *Tabu*-Spielen ein Fünftklässler mit drei Geschwistern im Januar 2018 seinen Klassenkameraden den Begriff »Vater« als Erstes mit den Worten »Also der arbeitet ganz viel, kommt immer erst sehr spät heim.« Und eine Mitschülerin beim Thema Familie: »Mütter arbeiten ja nicht, oder nur Teilzeit.« Die erwähnte fünfte Klasse eines bayerischen Gymnasiums stellt einen schönen gesellschaftlichen Querschnitt dar. Was bedeutet, dass die hausgemachte, deutsche Misogynie vortrefflich ergänzt wird mit Vorstellungen einer grundsätzlichen männlichen Überlegenheit, wie sie eine Gruppe von Migranten aus dem islamisch geprägten Raum mitbringt. So ist ein syrischer Junge dieser Klasse von der männlichen Überlegenheit überzeugt, was aus dem Kopftuch, das seine Schwester trägt, mehr als nur ein Symbol einer kulturell anders gelagerten Kleiderordnung macht. Wobei es, wie wir gesehen haben, letztlich keiner Kopftücher bedarf, damit Frauen sich unterordnen. Gerade die einheimischen Konservativen decken sich in einem für Frauen unheilvollen Aspekt nahezu vollständig mit den Ansichten dieser Gruppe: Frau = Mutter – und sonst nix. Diese zwei Fraktionen (aka Pest und Cholera) sind es ja auch, die den Geburtenkrieg allen Ernstes führen wollen. Eine Garnison deutscher Kinder, damit wir nicht bald Scharia-Recht haben – gemäß der AfD-Propaganda. In diesem Sinne kann auch das Wahlplakat der Fünffach-Mutter Frauke Petry verstanden werden, auf dem diese sich mit ihrem Neugeborenen ablichten ließ. Zusammen mit dem Spruch »Und was ist Ihr Grund, für Deutschland zu kämpfen?«.

Politik und Mutterschaft

In Großbritannien fanden Rosie Campbell und Sarah Childs in ihrer Studie 2012 heraus, dass weibliche Parlamentsmitglieder doppelt so oft keine Mütter waren wie Frauen der Allgemeinbevölkerung. Durchschnittlich war das Alter des Kindes, wenn doch vorhanden, 16 – bei Männern 12. Daraus lässt sich folgern, dass Mütter ihr politisches Engagement für ihre Kinder eher zurückstellen als Väter dies tun. Tatsächlich interessiert sich die Wählerschaft bei politisch aktiven Frauen immer viel mehr dafür, ob sie Mütter sind oder nicht. Männer werden, ganz wie im Leben außerhalb der Politik, viel weniger mit dieser Frage belästigt und müssen auch deutlich weniger Sanktionen befürchten. Ein Mann ist schließlich immer noch ein Mann – komplett, (für) sich selbst genug, vollwertig. Für Frauen gilt das in geringerem Maß. Auch 2018 noch, auch mit einer Kanzlerin wie Frau Merkel, die durch beharrliches Ausklammern jeglicher geschlechtsrelevanten Aspekte ihre ganz eigene Strategie fährt.

Die Barbara Lee Family Foundation in den USA schreibt, dass Wähler den Doppelstandard für Frauen und Männer zwar erkennen, aber trotzdem dabei mitmachen – also beispielsweise das Aussehen von Politikerinnen in die Bewertung miteinbeziehen, während sie dies bei den männlichen Kollegen nicht auf die gleiche Weise tun. Dies hat wiederum mit traditionellen Rollen zu tun. Wenn man (immer noch) die Frau als Nr.-1-Kümmerin betrachtet, fragt man sich natürlich, ob nicht entweder die politische Arbeit oder die Kinderpflege daheim leiden. Im Falle von Nicht-Müttern fragt man sich dann, ob diese überhaupt die Nöte von Familien verstünden. Warum? Männern traut man das doch auch ohne Weiteres zu, selbst wenn sie keine Kinder haben. Damit hängt zusammen, dass man weibliche Politiker mehr nach ihrem Aussehen beurteilt als männliche – und daran ändert auch ein Christian Lindner nichts. Mittlerweile scheint sich die deutsche Medienlandschaft ja beruhigt zu haben, aber man denke zurück an die jahrelangen Debatten um »Muddi« Angelas angeblich so unmögliche Frisur. Viele männliche Politiker haben gar keine Haare oder nur ein paar dünne Federn, selbstverständlich nicht gefärbt – interessiert das wirklich irgendjemanden?

2005 beschreibt in Hinblick auf die divergierenden Ansprüche an Politikerinnen und Politiker einen Höhepunkt, als Doris Schröder-Köpf äußerte, dass Frau Merkel ja die Lebenserfahrung der deutschen Durchschnittsfrau ja nicht teilen könne – der fiese Seitenhieb einer Geschlechtsgenossin auf die Kinderfreiheit der späteren Kanzlerin. Tja, Doris, es wollen eben – Gott sei Dank! – nicht alle Frauen deutlich ältere (Alpha-)Männer heiraten und mit diesen diverse Kinder bekommen. Was im Übrigen besser zur konservativen politischen Ausrichtung passt. Man denke an Sarah Palin, fünffache Mutter, die sich selbst als »Hockey Mom« bezeichnete, also als Mutter, die ihre Zeit auf sportlichen Events der eigenen Kids verschwendet, um für den Nachwuchs die Daumen zu drücken. Letzterer ist allerdings zugute zu halten, dass sie selbst als Politikerin aktiv ist und nicht das Anhängsel eines politisch tätigen Partners.

2. Kinderfreiheit in der Kultur

»Mein Mann, ich weiß, ei ja, ich weiß, was das heißt! Bin bezahlt und gekauft, es zu wissen, und gehalten im Haus und gehegt und gefüttert, damit ich es weiß, und will es von heut ab nicht wissen, verschwöre das Wort und das Ding!«

Richard Strauss: *Die Frau ohne Schatten*, 1. Aufzug

»Soll dein Leib eine Heerstraße werden und deine Schlankheit ein zerstampfter Weg? Und sollen deine Brüste welken und ihre Herrlichkeit schnell dahin sein?«

ebd., 1. Aufzug

»Abtu' ich von meinem Leibe die Kinder, die nicht geborenen, und mein Schoß wird dir nicht fruchtbar und keinem andern, sondern ich habe mich gegeben den Winden und der Nachtluft, und ich bin hier daheim und wo anders«

ebd., 2. Aufzug

Grandiose Liebespaare haben für gewöhnlich keine Kinder. Tristan und Isolde, Romeo und Julia/Giulietta – eine endlose Reihe unsterblicher Paare, die bei allen Unterschieden doch eine Gemeinsamkeit haben: Kinder haben sie keine. Sie spielen gar keine Rolle, sie sind überhaupt nicht Thema. Und man hat als Zuschauer oder Leser auch den Eindruck, sie würden nur stören. Sie würden diese beeindruckende Liebe, die so über allem schwebt, profanieren, ins Alltägliche herabwürdigen. Und selbst Richard Strauss' *Frau ohne Schatten*, die wie keine andere Oper die Elternschaft propagiert, wartet mit drei Äußerungen auf – oben als Motti vorangestellt –, die gerade das Gegenteil darstellen. Im Jahr 1919 erschien das von Hugo von Hofmannsthal gedichtete und von Strauss vertonte Werk, insofern ist es nicht verwunderlich, dass Kinder als Segen betrachtet werden (zumindest, um den Frauen die Mutterschaft schmackhaft zu machen). Aber der subversive Anteil in dieser Oper ist so frappant, dass man die Färberin, eine der fünf großen Hauptrollen, nur als Feministin *avant la lettre* bezeichnen kann. Doch nicht nur die Färberin, auch die Amme sowie andere Figuren. Denn die Amme ist die Einzige, die am Ende nicht einknickt, sondern erleben muss, dass die ihr anvertraute Kaiserin, die unbedingt Mutter werden (also einen Schatten werfen) will, sich von ihr trennt. Bezeichnenderweise hat die Amme die tiefste Stimme. Dabei gilt: Je tiefer die Stimme, desto emanzipierter die Frau – ein Trend, der vom Komponisten schon vor hundert Jahren erkannt wurde und der auch in aktuellen Studien bestätigt wird.[1]

In Opern kommen Kinder nicht besonders oft vor. Immer wieder tauchen zwar Kinderchöre auf, aber diese stehen in der Regel in keinerlei Bezug zu den Protagonisten. Eine Ausnahme (neben der *Frau ohne Schatten*) ist natürlich Mozarts *Zauberflöte*, in der Papageno und Papagena abwechselnd eine Reihe von *Mini-Mes* planen. Das klingt auch noch lustig, in diesem schlicht-fröhlichen Spieluhrenduett, aber besonders weise ist das nicht. In einer Oper, die rassistische Vorurteile bedient, passt es wunderbar, dass auch die Kategorie der *class* stereotyp das »einfachere« Paar mit einem ausgeprägten Kinderwunsch versieht, während Prinz Tamino anspruchsvollere Ziele verfolgt.

Darüber hinaus gibt es in der klassischen Musik auch noch die Monstra: entartete Frauen, die ihre Kinder töten wie beispielsweise Cherubinis *Medea* (*Médée*). Cherubinis Stoff geht letztendlich bis auf Euripides zurück und die Bearbeiter lassen keine Zweifel daran, dass Medea psychisch krank ist. Sie ist eine Abartige, denn nur so eine Frau möchte Hand an die eigene Brut legen. Ist denn nicht die Mutterschaft das größte Geschenk für eine Frau? Wie kann man so ein Geschenk nur verschmähen?

Wichtiger als die Bühne sind in diesem Kontext wohl Prosa und Filme, deren eingestreute pronatalistische Propaganda mehr Leute erreicht. So lässt beispielsweise die in zahlreiche Sprachen übersetzte spanische Romanautorin Elisabet Benavent ihre Heldin Valeria durch mehrere Bände hindurch den richtigen Mann suchen. Ihr Traumtyp ist denn auch einer, der nicht nur ein Romantiker *par excellence* ist, der sie zum Beispiel mit Wochenenden im Gebirge überrascht (inklusive Kaminfeuer, Rotwein und *slow dancing*), sondern der sich auch Kinder wünscht. Valeria ist hingerissen, als sie den selbstverständlich stets gut angezogenen Kerl liebevoll mit dem Neugeborenen einer Freundin schmusen sieht. Auch die drei Freundinnen der Heldin sind nicht besonders emanzipiert. Dass eine von ihnen, Carmen, das zweite Kind bekommt, finden die anderen toll, sie selbst ärgert sich ein bisschen über den »zu frühen« Zeitpunkt. Dabei ist sie davor schon unzufrieden mit ihrem Hausfrauendasein. Sie vermisst ihr Leben von früher, zieht aber nicht die richtigen Konsequenzen. Soll man der Autorin einen Vorwurf daraus machen, dass sie Carmen so zeichnet, dass jede Leserin sofort denkt, »So eine kenne ich auch!«. Außerdem – die Babys sind ja dann so süß und einen tollen Vater dazu hat sie auch noch, also, was jammert sie denn auf hohem Niveau? Ein Verdienst der Schriftstellerin ist es tatsächlich, dass ihre Frauenfiguren oft auch recht realistische Züge aufweisen. So manche Leserin wird sich selbst darin wiederfinden. Aber man fragt sich trotzdem immer wieder entnervt zwischendurch: Warum wünschen sich diese Frauen eine Kleinfamilie? Warum wird dieses Modell nicht ernsthaft infrage gestellt? Warum sind der Job, die Abende mit Freundinnen etc. immer nur nette Zugaben, aber das, was zählt, ist diese enge Hölle aus eigenem Kind und eigenem Mann, die mit Zähnen und Klauen verteidigt wird.

Spanien (und Italien) weisen in der Realität eher geringe Geburtenzahlen auf, was seit Jahren auf »die Krise« geschoben wird. Scheinbar sind die Südländerinnen nicht so blauäugig und reflektieren ihre eigenen Chancen in einer unsicheren Zukunft mit Kind. Man sollte auf Entwicklungen reagieren und nicht einfach munter, weiter Kinder produzieren, bloß weil man dem Fortpflanzungstrieb nicht widerstehen möchte beziehungsweise weil man nichts verpassen möchte, was »alle anderen« auch tun.

Pornografisierung und Mutterkult – zwei Seiten einer Medaille

Sogar die unerträglich antifeministische *Shades-of-Gray*-Trilogie endet letztendlich mit einer konservativen Kleinfamilie. Warum zieht dieses Modell so? Dass das, was als inszenierter Tabubruch beginnt, letztlich in der bürgerlichen Idylle endet, erhellt einen Zusammenhang zwischen Pornografisierung und Mutterkult. Wie beide Hand in Hand gehen können, lässt sich eindrücklich auch anhand des Buchs der Antifeministin Daniela Katzenberger demonstrieren. Dort findet sich das Kapitel »Stillen trotz Silikon« – ein Titel, der die doppelte Fremdbesetzung ihrer Brüste schlagwortartig auf den Punkt bringt. In dieser Verdichtung treffen Männer, die den Porno-Blick auf den weiblichen Körper richten, auf die Ansprüche eines neuen Menschen, der die Energie aus ihnen saugt. So wird die Losung vom »Stillen trotz Silikon« zum Inbegriff multipler weiblicher Abhängigkeiten.

Beide Trends, Porno- und Mutterkult, boomen momentan, was in Zeiten des Backlashs letztlich nicht überrascht. In einer Ära, in der feministische Bestrebungen eine Rolle rückwärts machen, war es sogar zu erwarten, dass die deutsche Geburtenrate steigt. Wenn man Frauen dermaßen auf ihren Körper reduziert, übersetzt sich die Vorstellung weiblicher Entwicklungsmöglichkeiten quasi automatisch in den Vorgang körperlicher Prokreation. Gerade für diejenigen, die schon über 25 und somit auf dem Fleischmarkt nicht mehr optimal verwertbar sind. Wenn die Cellulite großflächiger zu werden droht, ist mit der Mutterschaft letztlich die nächste Verwertungsstufe weiblicher Körperlichkeit gefunden. Während man sich dergestalt in Sorgearbeit umfassend aufreibt, segelt das phallische Schiff munter auf Kurs weiter.

Die Klatschzeitschriften spielen in Zusammenhang mit dieser Mehrfachausbeutung weiblicher Körperlichkeit eine tragende Rolle. Ebenso wie diverse Email-Programm-Startseiten, wenn als berichtenswerte »News« über Frauen hauptsächlich deren Schwangerschaften berichtet werden. Dann wird auch noch akribisch aufgezählt, welche »Makel« (oder auch nicht) die jeweilige Fast-Mutter schon aufweist. Man schwelgt in ihren passenden oder unpassenden Outfits, spekuliert, wie viel Kilo sie schon zugenommen hat, wie lange es dauern wird, diese Pfunde wieder zu verlieren – nicht zu vergessen die Steinigung, wenn sie sich erdreistet, sie *nicht* wieder zu verlieren. Wieso unterwerfen sich manche Frauen dermaßen bereitwillig dieser Form der andauernden öffentlichen Begutachtung und der daran anschließenden Negativbewertung?

Dasselbe Phänomen erkannte schon die 2010 verstorbene US-amerikanische Theologin Mary Daly: »They relegate to the role of controlled containers, and later discard as trash.«[2] Sie konstatiert außerdem, dass diese Frauen schließlich kontinuierlichen Manipulationen in diese Richtung ausgesetzt seien, weswegen nicht übermäßig verwundern könne, wenn manche die Rolle einfach akzeptierten, die man ihnen so mit aller Macht aufdrängt. Wenn nicht nur die eigene Mutter, sondern auch der Partner, der Pfarrer, die Politiker und die Medien kooperieren und zur Abwechslung mal übereinstimmen – dann muss dieses Projekt doch eine gute Sache sein.

Dabei gibt es durchaus prominente Vorbilder, darunter die Schauspielerin Helen Mirren – eines der bekanntesten Gesichter und eine echte Vorreiterin in Sachen kinderfreien Lebens. Sie betont seit mittlerweile Jahrzehnten, wie schön, wichtig und richtig es sei, keine Kinder zu haben, und ist konsequenterweise als Feministin »verschrien«. #Metoo lebte Mirren schon vor vielen Jahren, als sie einen übergriffigen Interviewer in seine Schranken wies. Bis heute bereut sie ihre Entscheidung gegen die Mutterschaft nicht – ganz im Gegenteil. Immer noch überzeugt sie mit unkonventionellen Äußerungen, die allesamt eine Stoßrichtung haben: Frauen, lebt frei und selbstbestimmt euer Leben und begebt euch nicht in so eine fatale Abhängigkeit, welche die Mutterschaft zwangsweise bedeutet. Lange Zeit war auch die Schauspielerin Cameron Diaz als Fürsprecherin des kinder*freien* Lebens bekannt. Als Grund gab sie damals den Zustand des Planeten an. »The world needs more non-breeders!«. Diese Haltung schockiert auch in den USA, wo man – obwohl das liberale Amerika in diesem Punkt fortschrittlicher als Deutschland ist – für eine solche Position ebenfalls auf üble Weise beleidigt wird. Wenn Frauen für solche Lebensentscheidungen angegriffen werden, während sie bei Männern nicht kommentiert werden, sollte klar sein, dass es einen feministischen Nachholbedarf gibt. Wie Kirsten Dirksen in ihrem Artikel über Diaz schreibt, gewinnt man als Frau vor allem Aufmerksamkeit, wenn man sich auszieht – oder wenn man keine Kinder will. (Leider änderte sich mittlerweile Diaz Haltung zum Thema der Nachkommenschaft.)

Länder wie Kanada machen mit einem konsequent frauenachtenden Umgang mit Abtreibung und Sexkauf vor, dass die Befreiung von Frauen umfassend sein muss und nicht nur »ausschnittsweise« passieren kann. Entweder wir betrachten Frauen als Persönlichkeiten und im vollen Besitz einer unantastbaren Menschenwürde – oder es gibt doch Einschränkungen. Falls Letzteres der Fall ist, bieten sich damit eben doch wirkmächtige Einfalltore für die Reduktion von Frauen auf alles Körperliche/Biologische. Dann eröffnen wir Felder, auf denen eben doch mit ihren Körpern geschachert wird und behindern Frauen an einer möglichst kompletten Entfaltung. Passenderweise unterstützt Kanada auch ein getrenntes Wohnen für Familien und Kinderfreie. *Adult Oriented Building* – diesen Schriftzug kann man zum Beispiel in British Columbia auf Tafeln vor zum Verkauf stehenden Wohneinheiten finden, womit Frauen und Männern ermöglicht wird, in einem ruhigen Umfeld zu wohnen. Man weiß das alles vor Vertragsabschluss. Wird man trotzdem schwanger, muss man ausziehen – zum Schutz der anderen Bewohner. Natürlich zwingt einen niemand, in so ein Haus zu ziehen, wenn man dieses Konzept nicht gut findet. Allein dass es existiert, ist ein Traum für alle, die sich von erziehungsfrei aufwachsenden Kindern in ihrer Nachbarschaft terrorisiert fühlen. Auch in London gibt es Wohnungsangebote, die sich ausschließlich an kinderfreie Menschen richten. England und Nordamerika sind uns also wieder mal voraus. Auch was Aktionen außerhalb der virtuellen oder medialen Welt betrifft: So gibt es in den USA beispielsweise die *NotMoms*, die regelmäßig Kongresse und Treffen für kinderfreie Frauen veranstalten, um diesen die üblichen Vorteile einer besseren Vernetzung angedeihen zu lassen. Sie können sich dort von Angesicht zu Angesicht begegnen und kennenlernen, sind nicht auf die Internetwelt der *childfree groups* beschränkt und bekommen vielleicht auch mal ein wenig mediale Aufmerksamkeit, die *nicht* Klischeebilder reproduziert (»kalte Karrierefrauen« etc.). Sie können sich austauschen, was Strategien im Umgang mit Mobbing durch Institutionen, Männer und leider auch durch andere Frauen betrifft. Gerade für Frauen aus eher konservativen Milieus ist das sehr wichtig, weil sie oft von der eigenen Familie keinen Rückhalt und keinerlei Unterstützung in ihrer Entscheidung erfahren.

Von mombies *und dem Neid auf die Unabhängigkeit*

Es gibt fantastische Mütter und diese haben interessanterweise nie denselben Missionierungsdrang, der Mütter der anderen Kategorie auszeichnet. Für letztere Gruppe hat die angloamerikanische Childfree-Bewegung den (zugegebenermaßen abwertenden) Begriff der *Mombie* geprägt (unschwer zu erkennen, woraus sich dieser Neologismus zusammensetzt). Diese unangenehme Gruppe der Mütter erwartet von allen anderen Menschen, sich ebenfalls für ihre Kinder zu begeistern – egal, wie selbige sich benehmen. Sie erwartet außerdem von allen anderen Frauen, sie nachzuahmen. Bevorzugte Gesprächsthemen sind Geburt, Müdigkeit, Stress, Stillen, jegliche Wörter beginnend mit »Kinder-« usw. Im Grunde sind sie bemitleidenswerte Kreaturen – Opfer der pronatalistischen

Propaganda. Oftmals sind *mombies* auch homophob und allgemein ziemlich anmaßend. Manche behaupten, sich schlichtweg nicht vorstellen zu können, dass es Menschen – und sogar Frauen! – gebe, die nicht davon träumen, tagtäglich anderen Leuten bei der Hausaufgabe/dem Baden/... zu helfen. Denen die Vorstellung, dass jemand zu hundert Prozent von ihnen abhängig ist, keine Freude bereitet.

Gemischte Gefühle lösen Listen aus, die Titel tragen wie *29 Reasons I Envy People Who Decided Not to Have Kids*, weil man sich fragt, warum die Erstellerin dieser Liste nicht selbst *childfree* geblieben ist. Die Gründe auf der genannten Liste sind vielfältig und zum Teil auch sehr überzeugend – einige andere wirken aber auch irrelevant (»Sie steigen nicht auf LEGO-Teilchen, wenn Sie barfuß das Schlafzimmer verlassen.«). Dennoch fehlen auch solche nicht, die tatsächlichen Neid erkennen lassen, Neid auf unabhängige Leute, die Karriere gemacht haben und ihr Leben frei genießen können zum Beispiel. Und natürlich gönnt man so etwas allerhöchstens noch den Männern, nicht aber den Frauen. Dabei erkennen viele nicht, dass sie die Kluft zwischen den Frauen durch ihr exzessives Ausleben der Mutterschaft erst herstellen, dass sie selbst dazu beitragen, dass Frauen in Mütter und Nicht-Mütter eingeteilt werden – und dass die Gruppe der Männer schön homogen und unangreifbar bleibt, damit nicht nur Nicht-Väter, sondern auch Väter weiterhin in all die Genüsse kommen, die den Müttern zwangsweise versagt sind. So tönte ein frisch gebackener Vater kürzlich: »Arbeitsbeginn 7.30? So früh bin ich ja in meinem Leben noch nie aufgestanden!« Jemand fragte nach, ob das immer noch gelte, auch jetzt, mit dem Baby.

Antwort des Vaters: »Ja, natürlich! Meine Frau steht ja auf!« – gepaart mit hochgezogenen Augenbrauen und einem leicht konsternierten Gesichtsausdruck.

Apropos Väter. Ja, auch in der Vätercommunity gibt es einen Parallelbegriff zur *mombie*: den *daddiot*. Einer von diesen, Owen Jacques, Schreiber der *Daddy-O*-Kolumne, hat sich in den *childfree communities* umgesehen und zitiert eine *mombie*-Definition, die er gefunden hat: »extreme case of breeder brain, due to a combination of exhaustion and too many days spent baby talking in isolation from other adults.« Eine Definition, der Owen offensichtlich zustimmt, denn er kommentiert sie mit: »Okay, that one is hard to argue with.«[3] Schon erstaunlich, dass er zugibt, dass seine Frau in diese Kategorie gehört … Hoffen wir mal, dass mit seinem eigenen Gehirn trotz Vaterschaft noch alles in Ordnung ist. Allerdings gibt es tatsächlich eine aktuelle Studie, die diesbezüglich nicht zugunsten der Mütter spricht: Das Gehirn befindet sich bekanntlich lebenslang in Veränderung: Es baut auf – oder ab. Das beginnt beim Fötus und endet nicht vor dem Tod. Neueste Studien über Schwangere stellen fest: Müttern schrumpft das Gehirn. Judith Rauch berichtete im Februar 2017 von dieser Studie in der Zeitschrift *EMMA*. Es käme unter anderem, so fand man heraus, zu einem Umbau dahingehend, dass Mütter asozialer würden, indem sie weniger an andere dächten als zuvor, dafür mehr (oder in schlimmen Fällen ausschließlich) an den eigenen Nachwuchs.

Dies mag ein natürlicher Vorgang sein, wenn das Hirn auf die Ausschüttung von so viel Oxytocin reagiert, und auch verständlich bis zu einem gewissen Maß. Dennoch irritiert es, wenn so manche selbstgerechte Mutter sich qua Rolle jedes (Vor)Recht der Welt herausnimmt. So beschreibt ein Auto-Aufkleber mit der Aufschrift »Mütter haben Vorfahrt« (so gesehen in Landshut, Niederbayern) den Punkt, an dem die berechtigte Sorge für den Nachwuchs in asoziale Anmaßung kippt, die zudem zu tatsächlichen Unfällen führen kann. Neben solchen »witzigen« Aufklebern pappen sich solche Leute auch gern ebenso »amüsante« Listen an Türen oder andere Orte. Ein Beispiel für solch eine Liste: »16 Dinge, die eine Mutter locker schafft.« Diese harmlos klingende Ansammlung bringt dann aber tatsächlich Sachen, wo sich jeder normale Mensch fragt, ob man so etwas wirklich »können« will – unter anderem »Reagieren, wenn im Nebenzimmer ein Filzstift auf den Boden fällt« oder v. a. »Stoisch ruhig bleiben, wenn das Kind im Supermarkt eine hysterische Krise schiebt«. Wie wäre es denn zur Abwechslung mal mit Erziehung? Man meint sich an eine Zeit erinnern zu können, als Supermarkt-Krisen dieser Art noch deutlich seltener zu erleben waren. Aber natürlich wollen die Eltern ja cool, lässig und entspannt rüberkommen. Dass andere Leute während dieser Krisen massiv in Mitleidenschaft gezogen werden, wird dem Ausdrucksbedürfnis des eigenen Nachwuchses mittlerweile oftmals untergeordnet.

Ähnlich ist es in den öffentlichen Verkehrsmitteln. Da plärrt ein Säugling kilometerweit durchgehend wie am Spieß, in einem übervollen Bus, in dem er nachvollziehbarerweise Zustände bekommt. Den Mitfahrenden platzt das Trommelfell und dem Busfahrer der Kragen: Er wendet sich an die *mombie*, die seelenruhig aus dem Fenster schaut, während sich das Baby im Wagen die Seele aus dem Leib brüllt. »Entweder Sie sorgen dafür, dass das

Kind ruhig ist oder Sie steigen aus!« Die Reaktionen waren wie zu erwarten dreigeteilt: Eine Gruppe starrte einfach weiter resigniert in ihre Handys; eine Gruppe war dem Busfahrer sichtlich dankbar, der sich einfach überhaupt nicht mehr auf den Verkehr konzentrieren konnte und somit ungefähr hundert Menschen gefährdete, wegen *eines* schreienden Babys; und eine Gruppe fand den Busfahrer ein bisschen krass. Hauptsächlich Frauen, die wahrscheinlich ebenfalls Mütter waren. Aber natürlich stellt sich die Frage, warum gerade zur Rushhour so viele Eltern unbedingt ihren Riesenwagen in einen ohnehin bis oben vollen Bus quetschen müssen und andere Gruppen und deren Rechte ignorieren. So haben die meisten *mombies* keine Scheu, z.B. gebrechliche alte Damen oder Leute mit Krücken zum Aufstehen aufzufordern, wenn diese »auf dem falschen« Sitz Platz genommen haben.

Ein weiteres Beispiel für das asoziale Gebaren von Müttern bietet der Blog *MamaDenkt*. Gerüchten zufolge gibt es eine Unzahl solcher Plattformen, Auf *MamaDenkt* schildert eine selbst ernannte »Supermom« zum Beispiel, wie sie sich von ihrem Kind mit Sachen bewerfen lasse, worauf sogar andere Mütter kritisch reagieren und teilweise feststellen, dass das Kind wohl eine Grenze überschreiten würde. Auf *ScaryMommy*.com findet sich der Artikel einer vierfachen Mutter *My Kids Are Not an Inconvenience*. Sie gibt zu, dass sie manchmal selbst genervt ist von ebendiesen Kindern – ein Faktum, zu dem sie selbst entscheidend beigetragen haben muss. Es folgt eine Auflistung von Selbstverständlichkeiten, die sie ihren Kindern beibringt (wie sich bedanken etc.). Sie wendet sich dann reichlich aggressiv gegen kinderfreie Leute, denen sie das Recht auf ein möglichst kinderfreies Leben abspricht. Wiederum sehr aggressiv schreibt sie in rotem Fettdruck, dass sie mit ihren Kindern »selbstverständlich« in Restaurants gehe. In Anbetracht dieser demonstrierten Aggressivität muss davon ausgegangen werden, dass ihr die Zumutungen, die das für andere zwangsläufig mit sich bringt, tatsächlich ein Grund zur Freude sind. Dass die Störung der anderen mehr noch als der gastronomische Genuss einen befriedigenden Effekt bedeutet. Der antisoziale Impuls, der sich darin offenbart, ist offensichtlich: Erst wenn sich jemand beschwert, scheint der Sinn der Übung vollständig erfüllt.

Dieselbe Bloggerin hat zudem die Stirn, kinderfreie Leute davon überzeugen zu wollen, dass ein schreiendes Baby im Flugzeug nicht »euren Flug schrecklich macht«. Sie verlangt von allen den Perspektivwechsel auf das schreiende Baby, das eben leidet, und den Stress, den die Eltern in Anbetracht des leidenden Kindes empfinden. (Es sei an dieser Stelle die Frage gestellt, warum man eigentlich mit einem Baby fliegt?) Kommt man als kinderfreier Fahrgast auf die Idee, konsequenterweise eine Ermäßigung dafür zu verlangen, wenn ein Baby während des Flugs durchgängig brüllt, wird schnell klar, dass die Hierarchisierung der Bedürfnisse zugunsten von Kindern und Eltern ausfällt. Das wird dann als noch boshafter erlebt als die Einrichtung einiger Reihen für Passagiere mit dem Alter 12+. Diese Idee brachte im Jahr 2018 einer indischen Airline einen Shitstorm ein. Mütter wie die oben erwähnte Bloggerin sind es dann oft auch, die kinderfreie Frauen eiskalt mobben, und im Rahmen sogenannter *mommy wars* zu (meist »nur« virtuellen) Kreuzzügen aufrufen.

In ihrer Überzeugung, alles richtig zu machen, stehen

die *daddiots* den *mombies* in nichts nach. Erst vor Kurzem war im Kontext von #Metoo in der *Mittelbayerischen Zeitung* der Artikel zweier Redakteure zu lesen, die sich selbst gratulierten, weil sie weder sexistisch übergriffig würden, noch ihren Teil an Hausarbeit den Partnerinnen überließen, noch selbigen die gesamte Verantwortung für die Kinder aufdrängen würden. Wie man Beifall heischen kann für Sachen, die eigentlich selbstverständlich sein sollten, wird nicht ganz klar. Dieselbe Suche nach Applaus glänzt in den Augen der *daddiots*, wenn sie in den Bioladen rollen und nonchalant die anwesenden jüngeren Frauen mustern, vor allem natürlich die ohne Kinder. Sie scheinen zu glauben, sie kämen bei allen supergut an, bloß weil sie einen Kinderwagen schieben. Hilfe … Aber hier sind Neuigkeiten. Es gibt Frauen, die nicht hingerissen sind beim Anblick eines Vaters und seines Babys. Und es gibt Frauen, die Solidarität mit den gerade abwesenden Müttern empfinden, wenn der *daddiot* seine Flirtversuche startet. Es gibt Frauen, die das Geschrei des ach so süßen Fratzes nervt, die sich fragen, warum noch ein weiteres Kind in diese überbevölkerte Welt gebracht werden musste, warum die Umwelt unbedingt restlos zerstört werden muss, warum der *daddiot* dann auch noch andere Frauen angräbt, wenn er doch eigentlich in hehrer Mission unterwegs ist.

Nicht umsonst haben genervte kinderfreie Leute das *Breeder-Bingo* erfunden, eine Bingo-Karte mit einer kleinen Auswahl typischer Gemeinplätze, die Eltern gerne ohne nachzudenken von sich geben:

- Es ist was anderes, wenn es die eigenen Kinder sind …
- Dein Kind könnte mal ein Mittel gegen Krebs finden!

- Leute wie du *müssten* Kinder bekommen!
- Du warst auch mal ein Baby!
- Aber dann stirbt der Familienname aus …
- Wer kümmert sich um dich, wenn du alt bist? (Persönlicher Lieblingssatz: Wer bringt dir *eine Suppe*?)
- Was, wenn *deine* Eltern keine Kinder bekommen hätten?!
- Man sollte Kinder bekommen, wenn man verheiratet ist.
- Es ist es doch wert!
- Die biologische Uhr tickt!!! (Als wäre eine Frau so eine Art Bauernhoftier…)
- Du wirst es dir anders überlegen…
- Wenn alle so wären, würde die Menschheit aussterben!
- In der Bibel steht »Seid fruchtbar und mehret euch«!
- Man vergisst die Geburtsschmerzen!
- Leute ohne Kinder sind egoistisch!
- Man ist erst richtig erwachsen, wenn man ein Kind hat.
- Es ist der wichtigste Job der Welt!
- Kinder sind für eine Frau wichtig!
- Wollen deine Eltern keine Enkel?
- Magst du etwa keine Kinder?!
- Kinder sind unsere Zukunft!
- Möchtest du nicht weiterleben in jemandem?
- Babys riechen so gut! (Ja, vor allem, wenn die Windel mal wieder voll ist…)
- Bist du nicht neugierig, wie es aussähe?
- Ad inf.

Klassiker sind es auch, Nicht-Eltern ganz normale Dinge abzusprechen. Wenn man zum Beispiel gähnt und von seiner Müdigkeit spricht, schütteln manche Eltern doch tatsächlich grinsend den Kopf und sagen etwas wie »Du hast keine Ahnung, was *echte* Müdigkeit überhaupt bedeutet!«. Begleitet wird dieser herablassende Spruch von einem triumphierenden Blick. Nur als Elternteil ist man wirklich super, scheint dieser Blick auszudrücken. *Mombies* und *daddiots* sind es auch, die keinerlei Verständnis haben für kinderfreie Orte, von denen es sowieso nur wenige gibt, vor allem in Deutschland. Dabei scheint ein großes Bedürfnis nach solchen Rückzugsräumen zu bestehen, in denen man als ruhiger Erwachsener einfach mal ungestört sein kann. Toleranz gegenüber Kindern, egal wie schlecht erzogen diese sein mögen, ist absoluter Trumpf in Deutschland.

Das spiegelt sich auch in der Gesetzgebung wider, denn bei uns wäre es schlichtweg nicht erlaubt, eine Immobilie als »childfree estate« zu deklarieren. In Nordamerika gibt es, wie bereits erwähnt, beispielsweise Wohnanlagen, die sich an ein Publikum ohne Kinder richten. Dort ist aber auch die Ansicht verbreiteter, dass, wer kein freistehendes Haus habe, auch keine Kinder haben oder zumindest nur im Parterre wohnen solle. Das käme schließlich auch den Kindern selbst zugute. Warum sollen sie, wie bei uns so oft der Fall, in kleine Altstadtwohnungen eingepfercht leben? Natürlich wird man da unruhig und trampelt erst recht ständig durch die ganze Wohnung. Wie das klingen kann, hat jeder schon einmal erlebt. In Bayerns familienfreundlicher Kommune Regensburg beispielsweise wohnen gerade im historischen Altstadtkern viele junge Familien. Und das, obwohl es kaum Grünflächen und außer in den Kopfsteinpflastergassen auch keinen Auslauf gibt. Mini-Wohnungen, in denen die Kinder zum Teil nicht mal ein eigenes Zimmer haben, viele Autos, das Risiko, vom Balkon zu fallen (falls ein solcher überhaupt vorhanden ist), schlechte Luft. Eltern nehmen dies letztlich aus egoistischen Gründen in Kauf, denn sie können zu Fuß in diverse Cafés gehen, das ist natürlich Trumpf. Wenn man die Reproduktion an die Wohnsituation koppelt, bevorzugt man dann nicht Leute mit mehr finanziellen Ressourcen? Nicht wirklich, denn es gibt überall Erdgeschoss-Wohnungen, die nicht im Zentrum und absolut bezahlbar sind und in denen Kinder auch besser aufgehoben wären als in Altstädten.

Mehr Platz für alle käme dem von einigen präferierten Erziehungsstil entgegen, der vorsieht, dass die Kinder völlig wild den ganzen Tag herumtoben dürfen. Wo rücksichtsvolles Benehmen nicht beigebracht wird, geraten auch die Nachbarn in die Defensive. Besser dann, es gibt weniger davon. Selbst die Polizei rät, von Klagen abzusehen, wenn Kinder involviert sind – sie genießen bei uns Narrenfreiheit und man verliert in diesen Fällen praktisch immer. Selbst wenn man jahrelang täglich Stunde um Stunde durch pausenloses Rennen, Trampeln, Ballspielen, von Möbeln Springen und anderem beeinträchtigt ist. So manchem leidgeplagten Mitbürger blieb nichts anderes übrig als auszuziehen und den Störern, die sich nicht die Mühe machen wollten, sich an allgemein verbindliche Regeln des Zusammenlebens zu halten, letztlich das Feld zu überlassen.

Bei uns ist kinderfreies Wohnen unvorstellbar. Der Mütter-/Väter-Club würde noch mehr Sturm laufen, als er dies bei Cafés tut, die sich anmaßen, ihren Gästen durch kinderfreie Räume ein ruhiges Gespräch/Zeitunglesen/etc. ermöglichen zu wollen. Dass es umgekehrt spezielle Angebote für Eltern und Kindern gibt wie die »Mutter-Kind-Cafés« oder besonders familienfreundliche Lokale, würde niemandem einfallen zu kritisieren.

Warum auch? Dieselbe Toleranz würde man sich für kinderfreie Cafés wünschen, denn dies wäre Ausdruck einer egalitären Anerkennung von Lebensentwürfen. Zumal viele Wirte, Bedienungen etc. positiv auf ein kinderfreies Ambiente reagieren, da auch sie unter dem zusätzlichem Stress- und Geräuschpegel leiden und noch aufmerksamer sein müssen, wenn ihnen ständig klein gewachsene Wesen zwischen die Beine rennen. In seinem Blog *BitchyWaiter* schildert ein Kellner, dass seine Nerven regelmäßig blank liegen, wenn Eltern, die dem nicht-eingreifenden Erziehungsstil frönen, mit ihren Kindern erscheinen. Er sei mehrfach physisch von Dreijährigen angegangen worden, was den Eltern ein erfreutes Lachen abrang (»Ist er nicht kontaktfreudig? Und so offen! Er hat gar keine Angst vor Fremden, toll!«). Der Blogger kann durchaus für eine neue Gruppe von Menschen stehen, die auf die als aggressiv empfundenen Zumutungen solcher Familien ihrerseits mit Übergriffen reagiert: Als das pausenlose Gerenne und Gekreische eines anderen Kindes die Gäste und ihn einmal massiv störte, schüttete er, der Kellner, eiskalt ein wenig Wodka in den Saft. Als das Kind dann ein wenig ruhiger wurde, gingen die Eltern. Damit bestätigt der Kellner, was schon oft beobachtet worden ist: Die Eltern waren in dem Moment zufrieden, als das Kind die Nerven aller anderen Leute ruiniert hatte und konnten zufrieden, nach »getaner Arbeit« quasi, heimgehen. Es wäre sicher lohnenswert, den Ursachen der Aggressionen, die sich hier im öffentlichen Raum zunehmend breit machen, auf den Grund zu gehen. Eine andere Kellnerin, die aus Angst vor Repressalien anonym bleiben möchte, lässt verlautbaren, dass Eltern die anstrengendsten Kunden sind, die noch dazu das wenigste

Trinkgeld geben. Sie behalten jeden Cent für ihre Kleinen (oder vielleicht ja auch eher für sich selbst?) zurück.

Das kann man sich nur erlauben in einer Welt, die Kinder anbetet. Auch bei uns gab es einst goldene Zeiten, in denen man als Erwachsener einfach zu fremden Kindern sagen konnte »Benimm dich«, »Sei still« usw. – ohne sich aufgebrachten Eltern gegenüber zu sehen, die statt einer Entschuldigung ihre übergriffigen Kinder verteidigen. Es gibt Länder, in denen vollkommen andere Schwerpunkte gesetzt werden. Beispielsweise im Iran, wo Kinder erzogen werden. Wo auch einmal gefragt wird, was das Kind für die Eltern tun könne, nicht umgekehrt wie bei uns. Es sind nicht nur Kinderfreie, die sich über solche Entwicklungen beschweren. So gibt es durchaus auch Mütter, die der Ansicht sind, dass »[l]abeling something 'family friendly' screams, out of control kids, parents who can't be bothered to actually train their kids to interact with the real world in a meaningful way«[4]. Unterstellt man einen gewissen Bias zugunsten der Idee von Nachwuchs, sagt eine Aussage wie diese doch einiges. Diese Mutter findet es zu Recht bedenklich, dass der ursprünglich mal gut gemeinte Sticker auf der Eingangstür von Lokalen als Freifahrtschein für rücksichtsloses Benehmen betrachtet wird. Wenn Kinder lernen, dass man sich im Café aufführen darf wie daheim oder noch schlimmer, werden sie sich auch in den normalen Cafés (und überall sonst) so benehmen – was sich *de facto* ja leider auch schon sehr oft allerorts beobachten lässt.

Ein Beispiel aus dem Leben ist die Mutter, die ihr ca. dreijähriges Mädchen zu einer öffentlichen Ballettprobe im Theater mitnimmt, weil sie, die Mutter, diese Veranstaltung gern erleben möchte. Natürlich hat ein so kleines Kind keinerlei Interesse an dem »Gelaber« des Choreografen und auch so manche Bewegung der zwei Tänzer reizt das Kind so sehr zum Lachen, dass ein daraufhin fast permanentes, durchaus deutlich zu hörendes Gekicher scheinbar ununterdrückbar ist. Dieses Lachen stört die ca. 40 anderen Menschen, die sich gern auf die Darbietung konzentrieren würden ebenso wie die deutlich irritierten Künstler auf der Bühne. Der Mutter war dies völlig egal. Man fragt sich, warum sie für das Kind keine Betreuung gesucht hat (was ist mit dem Vater?), damit sie selbst – wie alle anderen auch – die Probe genießen konnte. Bei allem Verständnis für Leute, die auch als Eltern noch ein Leben haben wollen – das darf nicht immer nur auf Kosten Dritter passieren. Wobei hier deutlich gesagt werden muss, dass es auch eine Gruppe von Eltern gibt, die ihre Sache sehr gut machen. Sie rückt hier aus dem Feld meines Interesses, womit natürlich keineswegs gesagt ist, dass sie nicht existiert.

In den USA gibt es bereits Restaurants, die von Familien mehr kassieren, da sie die schlechte Erfahrung gemacht haben, dass die Kinder allzu oft die anderen Gäste stören. Das wäre bei uns nicht vorstellbar. Auch die Kellnerin, die darauf hinweist, dass immer größer werdende Kinderwägen ein Sicherheitsrisiko darstellen und vielleicht nicht direkt mitten im Weg geparkt werden sollten, tut es sich bei uns deutlich schwerer, mit ihrem berechtigten Anliegen Gehör zu finden.

Die schrittweise Verwandlung öffentlicher Räume

Die vielerorts zu beobachtende Umstellung auf kindliche Bedürfnisse ist ein weiteres Phänomen, das nicht nur von kinderfreien Leuten konstatiert wird, sondern auch von so manchem genervten Elternteil. Dass die Abstimmung auf das kindliche Niveau neue Maßstäbe setzt, ist teilweise unübersehbar in Museen oder Galerien, wo die Museumspädagogik oftmals schon fast aggressiv daherkommt und es schwierig macht, an Erwachsene gerichtete Informationen über ein Kunstwerk zu erhalten. Selbst so mancher jugendliche Adressat fühlt sich nicht ernst genommen, wenn der Maler als Comicfigur auf einem laminierten Zettel neben dem Kunstwerk baumelt und eine Sprechblase verkündet: »Weißt du, dieses Bild habe ich gemalt, weil…«. Auch in Büchereien, Bibliotheken oder Buchläden, also Orten, die traditionell mit Büchern und Ruhe assoziiert werden, greift dieser Trend um sich. Betritt man eine beliebige Buchhandlung, so sieht man sich erst mal einer Unmenge an Stofftieren, Spielsachen, buntem Krimskrams aller Art gegenüber, bevor man weiter hinten vielleicht auf das trifft, weswegen man diesen Ort eigentlich aufgesucht hatte. Nichts gegen die Kinderbuchabteilung, die es in jedem Buchladen gibt und die ihre Berechtigung hat. Doch mittlerweile fühlt man sich manchmal, als wäre eine kleine Erwachsenenabteilung im Kinderbuchladen untergebracht worden. Auch dass die angrenzende Café-Lounge-Area zum Müttertreffen umfunktioniert wird, bringt Einschränkungen für diejenigen, die in Ruhe ein bisschen stöbern und schmökern wollen. Besonders schlimm ist die Lage aber in öffentlichen Bibliotheken, zum Beispiel einer typischen Stadtbücherei. Es gibt spezielle Veranstaltungen für Kinder und jeder ist selbst schuld, wenn er zu diesen Zeiten in die öffentliche Bücherei geht – in Ordnung. Doch leider gibt es unzählige Eltern, die es nicht für nötig halten, ihren Kindern zu erläutern, was eine Bibliothek ist und vor allem wie man sich adäquat darin verhält. Da wird die Treppe hundert Mal rauf und runter getrampelt, da wird herumgeplärrt. Wenn man Glück hat, kommen ein paar Ermahnungen in gleicher Lautstärke – die allerdings selten fruchten. Wenn man keine Ohrstöpsel oder Kopfhörer dabei hat, ist dieser öffentliche Raum für die eigene Nutzung tendenziell verloren. Es ist zweifellos eine gute Idee, Kinder an Bücher und das Lesen heranzuführen, aber muss das auf eine Art und Weise geschehen, die andere Menschen empfindlich stört? Muss man mit einem kreischenden Baby wirklich in die Bibliothek gehen?

Trotz zahlreicher »Familien-Cafés« – und ich spreche hier vor allem, aber sicher nicht ausschließlich für Regensburg – werden selbst die traditionell an andere Gruppen gerichteten Angebote von Eltern usurpiert. Bisweilen mit der oben bereits umrissenen Absicht, diese zur Bühne für die eigenen Aggressionen zu machen. Vor einigen Monaten hörte ich beim Einkauf im Bioladen eine *mombie* zur anderen laut bemerken, dass sie immer dann öffentliche Räume aufsuche, wenn das Kind kreische, damit andere auch etwas davon hätten. Die Motivation für dieses antisoziale Verhalten mag komplex sein; als unmittelbare Legitimation dafür mag aber dienen, dass unsere Gesellschaft kontinuierlich und auf allen Kanälen vermittelt, dass Kinder stets einen wichtigen gesellschaftlichen Beitrag leisten. Diesem Problem könnte man leicht Abhilfe schaffen: entweder durch ein Revival einer Erziehung zur Rücksichtnahme, zu der gehört, dass man Kindern erklärt und vorlebt, was ein Café ist, was man darin tut und was nicht. Dies würde mit Sicherheit den Bedarf an kinderfreien Etablissements deutlich verringern. Dass die Konflikte zwischen den Ansprüchen von Familien und den übrigen Gästen im Laufe der letzten 10 Jahre deutlich zugenommen haben, liegt nicht nur an einem Geburtenboom, sondern auch daran, dass für viele Eltern und vor allem Mütter tägliches Im-Café-Sitzen mittlerweile zum Selbstverständnis gehören. Es darf gefragt werden, ob dies auch als kompensatorische Teilnahme am öffentlichen Leben verstanden werden kann – einem öffentlichen Leben, das sich im Konsum erschöpft und nicht auf echte gesellschaftliche Teilhabe gerichtet ist wie das eigene Wirksamwerden im beruflichen Umfeld. Ein paar wenige Hoteliers haben das Bedürfnis einiger Menschen nach Ruhe – gerade im Urlaub, wenn man sich von seinem stressigen Job erholen möchte – erkannt und führen ihre Betriebe kinderfrei. Es wird sogar sehr überzeugend damit geworben: »Schwimmen ohne Gekreische und Gespritze? Essen ohne Geplärr und Herumgerenne?« Kein Wunder, dass *Adults-only*-Hotels oft voll ausgebucht sind.

Man muss akzeptieren, dass es Leute gibt, die es ruhig mögen oder brauchen und die den Lärm, den eine wachsende Zahl an Kindern mittlerweile nonstop produzieren darf, nicht so gut vertragen. Nicht umsonst werden beispielsweise auf der Homepage des Deutschen Mieterbundes zahlreiche Anfragen gestellt, wann Mietminderung wegen nervlicher Belastung durch Nachbarskinder möglich ist. Kinderlärm kommt in Lärmlisten jeglicher Art sofort hinter Baulärm. Weit abgeschlagen folgen Lärmquellen wie laute Musik, Heimwerken, allgemeines Getrampel, Geschrei, zu lauter nächtlicher Sex, Türenknallen, ruppiges Jalousie-Herunterlassen und anderes. Ärzte sind sich einig, dass diese Art von Lärm auf Dauer genauso krank machen kann wie beispielsweise Baulärm. Herz, Kreislauf und anderes werden durch chronischen Lärm negativ beeinflusst. Auch ohne andere gesundheitliche Beeinträchtigungen kann es in psychischer Hinsicht belasten, wenn – wie in unserer Gesetzgebung vorgesehen – die eigene Wohnung nicht als Ort der Ruhe und Erholung garantiert ist, sobald die Nachbarswohnung von Kindern bewohnt wird. Immerhin ist im Gesetzestext lediglich von Babys und Kleinkindern die Rede, denen ein gewisses Lärmpotenzial gestattet wird. Für viele erweitert sich allerdings dieser Rahmen, wenn Jugendliche nonchalant als Kinder bezeichnet werden, die dieselbe völlige Narrenfreiheit haben sollen wie ihre kleineren Geschwister – eine zweifelhafte Position, die von Gerichten nicht selten mitgetragen wird. In Anbetracht dessen wird sich an der angeblichen »Kinderfeindlichkeit« vieler Menschen natürlich nichts ändern. Es ist an der Zeit, Eltern auf die Aufgabe hinzuweisen, die sie sich selbst gesucht haben: die Erziehung zu einem sozialen, gesellschaftstauglichen Miteinander.

Literatur zur und Bewusstsein für die Childfree-Bewegung

Vor allem der angloamerikanische Bereich ist uns voraus, was Literatur zum Thema betrifft. Da gibt es Ellen L. Walkers Buch *Complete Without Kids*, das 2011 erschien.

Oder Jennifer L. Shawnes *Baby Not on Board. A Celebration of Life without Kids* (2005) und noch viele ähnliche Publikationen. Sehr empfehlenswert sind auch die Werke von Laura Carroll: *The Baby Matrix. Why Freeing Our Minds from Outmoded Thinking about Parenthood and Reproduction Will Create a Better World*, das 2012 herauskam. Auch hier werden die sozialen und kulturellen Mechanismen beleuchtet, begleitet von einer geschichtlichen Darstellung des Pronatalismus, mit denen vor allem auf Frauen Druck aufgebaut und ausgeübt wird, um sie zu Müttern zu machen. Von ebendieser Autorin gibt es auch eine interessante Interviewsammlung, *Families of Two*, und ihre Homepage offeriert eine Fülle relevanter Links, Artikel und Ratschläge. Beispielsweise rät sie kinderfreien Frauen, die Chance, als Vorbild zu agieren, zu nutzen und der nächsten Generation zu zeigen, dass Elternschaft optional ist, nicht obligatorisch. Im Sinne einer solchen Vorbildfunktion ist beispielsweise die US-amerikanische Auszeichnung *Childfree Woman of the Year* zu verstehen, die 2016 beispielsweise an Crystal Money ging. Money hat in ihren Forschungen unter anderem publik gemacht, welche Hindernisse Frauen in allen Ländern in den Weg gelegt werden, wenn sie sich sterilisieren lassen wollen. Solche Ehrungen helfen, die Childfree-Bewegung einem größeren Publikum bekannt zu machen. Wer weiß schon, dass der 1. August der *International Childfree Day* ist? In einer generell pronatalistisch eingestellten Presse findet sich zu diesem Feiertag der Bewegung nichts – stattdessen feiern wir den Welt-Toiletten-Tag oder den Internationalen Jogginghosentag.

Lesenswert ist auch Melanie Holmes' *The Female Assumption. A Mother's Story: Freeing Women From The View that Motherhood Is a Mandate* (2014). Auch in Hinblick auf Zeitungs- und Zeitschriftenartikeln ist das Thema in Großbritannien und den USA viel häufiger zu finden und zudem viel positiver bewertet, als das hierzulande der Fall ist. Ein Beispiel aus dieser Fülle von Texten ist Jill Filipovics Text *The Choice to Be Childfree Is Admirable, Not Selfish*, der am 16. August 2013 im *Guardian* erschien. Die Autorin legt ausführlich dar, warum kinderfreie Frauen, die so viel negativen Druck aushalten müssen, feministische Leitfiguren seien und warum es für alle nur ein Gewinn sein könne, Kinderfreiheit zu normalisieren statt zu pathologisieren. Denn immerhin haben auch Frauen, die das Klischee der Fürsorgerin erfüllen, ein Existenzrecht auf diesem Planeten. Diese Frauen bringen auf andere Weise Glück und Gutes in die Welt – und *das* muss unterstützt werden, nicht eine Zwangsmutterschaft, in die sich viel zu viele unüberlegt stürzen, weil es von ihnen erwartet wird. Das ist auch mitnichten egoistisch. »It's radical. It's transformational.«[5]

Nicht nur Frauen – aber in erster Linie und das ist schon sehr bedauerlich – schreiben über den Wunsch nach Kindern, der die klare Fortführung dessen ist, was andernorts schon bemängelt wurde an der Darstellung weiblicher Romanfiguren: die totale Ausrichtung auf den Mann beziehungsweise die zwangsheterosexuelle Matrix, die denn auch in der Mutterschaft gipfelt. Dennoch gibt es Werke, die die negativen Effekte der Elternschaft nicht unterschlagen. So zum Beispiel im Buch *Maman a tort* (wörtlich: Mama hat Unrecht) aus dem Jahr 2015 vom französischen Autor Michel Bussi, bei dem Kinder oft eine prominente Rolle spielen. In seinem spannenden Werk geht Bussi auf das scheinbar internationale Phänomen ein, dem Christina Mundlos ein ganzes Buch gewidmet hat: *Mütterterror*. Laut Bussi wisse jede Mutter, worauf sie sich einlasse, rechne schon vorab mit öffentlichen Peinlichkeiten wie unverschämten Äußerungen des Kindes, einem hysterischen Anfall, einer nassen Hose etc.[6] Daher sei jede auch so froh, wenn einer *anderen* Mutter diese Peinlichkeit passiere. Nicht nur froh, sondern »contentes, trop ravies«[7], also sogar über alle Maßen entzückt. Und auch die negativen Effekte eines Kindes für die Paarbeziehung der Eltern werden im Roman explizit genannt: »Sekunden, die nach und nach den Platz des Orgasmus einnehmen. *Ihn ersetzen*. Und die beruhigten Mütter suchen ihn bei einem anderen Mann. Und die perfekten Papas bescheißen Mama.«[8] Auch wenn die Elternschaft in Bussis Romanen trotzdem noch ziemlich gut wegkommt – das ist doch eine sehr harte Aussage. Ein Kind soll uns also darüber hinwegtrösten, dass eine ganze Ebene des partnerschaftlichen Austauschs wegfällt mit der Zeit? Dass man betrogen wird beziehungsweise selbst betrügt? Insgesamt lässt sich feststellen, dass die französische Literatur grundsätzlich progressivere Geschlechtervorstellungen enthält als die deutsche. Die Bestseller-Autorin Katherine Pancol legt ihrer Heldin Hortense, die in mittlerweile sieben Romanen auftreten darf, folgende Worte in den Mund: »Die Familie ist eine Erfindung des 19. Jahrhunderts, die nur dazu dient, Frauen ins Korsett zu zwängen und ihnen Schuldgefühle zu machen. Das ist eine Form von Versklavung.«[9] Ganz genau!

Die Italienerin Federica Bosco, deren Bücher in alle möglichen Sprachen übersetzt wurden, brachte 2017 ihren Roman *Ci vediamo un giorno di questi* heraus, der von der engen Freundschaft zweier Frauen handelt. Die chaotische Protagonistin Caterina ist *single mum* und beschwert sich bei ihrer Freundin Ludovica, dass sie ihren Sohn unter entsetzlichen Schmerzen zur Welt gebracht, seinen Popo abgewischt, jahrelang nicht richtig geschlafen habe, dass sie sich ständig Sorgen mache, sich unendlich bemühe, um ihm ein Lachen abzuringen und dafür nur Undankbarkeit ernte.[10] Das alles ist im Roman eingerahmt in Gelächter – und doch nicht besonders komisch. Man hat als Leserin den Eindruck, dass wenigstens Ludo, die insgesamt vernünftigere der beiden Freundinnen, klügere Entscheidungen treffen wird. Aber auch diese Hoffnung wird enttäuscht, als auf der letzten Seite des Buchs ihr Bäuchlein erwähnt wird. Dabei war sie, die engagierte Bankangestellte, selbst massiv genervt von der Weihnachtsfeier ihrer Dienststelle, bei der es um nur drei Hautthemen ging: Kleinkinder, Rezepte und Diäten. Nickend stand sie dabei und seilte sich danach zu einer anderen Party ab. Sie ist es auch, die immer wieder wenigstens hin und her gerissen ist zwischen der Wahl, sich der Fortpflanzung selbst zu unterwerfen oder sich ihr zu entziehen. Sie fragt sich, ob sich nicht »tutt*e*«, also alle Frauen, jemanden erträumen, der ihnen Entscheidungen einfach abnimmt. Der diese Entscheidungen und Verantwortung auf seine Schultern legt, um sie selbst davon zu befreien, und der doch gleichzeitig dafür sorgt, dass sie sich wichtig fühlt.[11] Es fragt sich, wie das gehen soll bzw. wem mit dieser *Illusion* von Wichtigkeit geholfen ist. Nachdem sich mit 40 ihr »Verfallsdatum« rapide nähert, lässt sich Ludovica von ihrem Verlobten überreden, die Pille abzusetzen. Dabei hat sie es gar nicht mit Familienfeiern. Im Gegenteil, sie beschwert sich über

Weihnachten, wenn man aus »Konvention« zusammenkommt und nach dem Essen auch noch so tun muss, als nähme man echten Anteil am Leben der anderen. Nicht umsonst wird ihr Tantenstatus immer wieder betont und sie kann sich auch vorstellen, nichts außer diesem zu besitzen. Sie benennt auch die Angst, vom Falschen schwanger zu werden, denn schließlich sei man in so einem Fall zwangsweise den Rest des Lebens mit diesem Kerl verbunden. – Angesichts heutiger Trennungs- und Scheidungsraten ein weiterer exzellenter Grund, lieber auf die Mutterschaft zu verzichten.

Vieles von dem, was den oben geschilderten Romanplot ausmacht, inklusive der unbedingten Ausrichtung auf die Mutterschaft, stimmt leider mit den Wünschen so mancher Italienerin überein. Dies hat die *La-Repubblica*-Journalistin Concita de Gregorio dokumentiert, die zahlreiche Interviews mit Frauen geführt hat. 2016 publizierte de Gregorio die Ergebnisse unter dem Titel *Cosa pensano le ragazze* (Was Frauen denken). Darin schildert unter anderem eine namenlose Frau von 40 Jahren ihren langen Leidensweg, um ihr erklärtes Ziel der Mutterschaft zu erreichen, denn Kinder seien ihr Lebensgrund. Eine traurige Geschichte – und zwar aus mehr als einer Perspektive betrachtet. Sex sei für sie nur Mittel zum Zweck gewesen, Männer nur als potenzielle Väter interessant. Zum Glück findet sich unter den Interviewten auch Eleonora[12], die die Idee der Mutterschaft »erschreckt«.[13]

Vielleicht sind die Bilder der Massenmedien, die mit Wucht die glückliche Familie zelebrieren, einfach zu gewaltig, zu unwiderstehlich. Nicht nur kitschige Filme enden gern mit Schwangerschaften und dem typischen

»Und sie lebten glücklich und zufrieden bis« – bis, ja, bis die Probleme losgehen. Auch Werbung jeglicher Natur beinhaltet oft genug unrealistisch hübsche, strahlende Mütter mit unrealistisch braven, tollen Kindern. Nicht zu vergessen natürlich den coolen, gut verdienenden Vater, der sich so sehr interessiert fürs Spiel mit den Bauklötzen. In der Realität sitzen solche Väter dann beim Thailänder ums Eck mit drei männlichen Kollegen beim Mittagessen und reden über Kokain, Schwänze und Ärsche – in dieser Form mitgehört am 22. Januar 2018 im *The Thai Restaurant*, Regensburg. Und nein: Da ging es ganz klar nicht um einen Film, sondern um das »megageile« Leben des *daddiots*, der mit seinen umfangreichen Redeanteilen und in großer Lautstärke die gesamte Tischnachbarschaft Anteil nehmen ließ. Schwer vorstellbar, dass sich Frauen lieber von so einem Mann schwängern lassen, als keine Mutter zu sein.

»Wenigstens ist man ja dafür nicht allein im Alter.« Ja, genau. Auch dieser Grund wird den meisten Kinderfreien regelmäßig entgegengehalten. Dass diese Rechnung, im Alter emotional versorgt zu sein, dennoch für viele nicht aufgeht, zeigen die vielen einsamen alten Menschen in den unzähligen Heimen. Dabei handelt es sich keineswegs nur um kinderfreie Leute, die in der Jugend ihren Spaß hatten und jetzt im Alter die (nach Ansicht der Eltern) gerechte Strafe für ihren Egoismus ertragen müssen. Interessanterweise hat man herausgefunden, dass gerade Menschen ohne Nachkommen in der Regel ein sogar besseres Netzwerk besitzen als Eltern und im Alter mitnichten einsam und allein sind. Dies liegt nicht unwesentlich daran, dass sie stets Zeit hatten, um Kontakte aufzubauen und zu pflegen. Sie mussten oder wollten nicht stets alles stehen- und liegenlassen, um sich fortan nur noch mit anderen Mamis und Papis zu treffen, mit denen man letztlich aber nur durch eine oberflächliche Gemeinsamkeit, die Kinder, verbunden ist.

Primär an Frauen gerichtete Filme müssen gar nicht eigens thematisiert werden. Das Schema, nach welchem diese ablaufen, kennt man zur Genüge. Einen Hoffnungsschimmer bietet hier Maxine Trumps *To Kid or Not to Kid*, der zwei kinderfreie Frauen zweier unterschiedlicher Generationen in den Mittelpunkt stellt. Die beiden kinderfreien Protagonistinnen dürfen hier einmal die Heldinnen sein. Sie sind diejenigen, die sich auflehnen gegen den grauen Mütter-Mainstream, die angegriffen werden für ihre mutige Entscheidung – und die man doch aber in unserer überbevölkerten Welt eher würdigen als beschimpfen sollte. Was in der Bilderproduktion der Populärkultur Seltenheit hat, ist in der Realität weit öfter anzutreffen: Nicht-Mütter sind in der Regel die unkonventionelleren, feministischeren Frauen. Und sie leisten einen echten, ernst zu nehmenden Beitrag zur Rettung des Planeten.

3. Kinderfreiheit der Umwelt zuliebe

Es gibt keinen Planeten B

Von der Warte der Weltbevölkerung aus gesehen, sind die Nahrungsmittel, die die Erde hervorbringt, nicht unendlich. Eines Tages könnte es vielleicht doch knapp werden und das wäre dann eine andere Knappheit als diejenige, die heute aufgrund von realen Ausbeutungsverhältnissen in etlichen Regionen der Welt bereits hergestellt wird. Oder die Erde wird einfach zu voll. Schon jetzt gibt es Regionen, in denen die Menschen unglaublich dicht gedrängt leben (müssen), was zu vielfältigen Konflikten führt. Ökologisch betrachtet wird auch der Fußabdruck einer solch riesenhaften Population schlichtweg zu groß. Das Wachstum der Bevölkerung explodiert nicht nur zahlenmäßig, sondern auch zeitlich: Dauerte es im 19. Jahrhundert noch über hundert Jahre, bis die Bevölkerung von einer auf zwei Milliarden stieg, so war nach 33 Jahren bereits die dritte Milliarde erreicht, nach 14 die vierte (1974), 1987 die fünfte und die sechste 1999. Eine exponentiell wachsende Menschheit vergrößert auch die Dauerbedrohung neuer Krankheiten, nuklearer Waffen und anderer Gefahren. Am 6. Februar 2018 wurde wieder einmal auf allen Kanäle berichtet, dass resistente Keime in Flüssen und Badeseen gefunden wurden, die aus Kläranlagen und von Gülleresten stammen. Auch klimatisch haben wir es mit bedenklichen Veränderungen zu tun. Diese Entwicklung ist der Mehrheit mittlerweile klar. Was viele nicht kennen oder ausblenden, ist die große Zahl an Tierarten, die aufgrund der Eingriffe menschlicher Lebensweise in die Natur ausgestorben sind. Der deutliche Insektenrückgang hat auch Konsequenzen wie jene, dass der heimische Igel plötzlich auf der *Roten Liste* steht. Es sind nicht nur die Eisbären, deren Habitat schrumpft, es sind auch die Tiere vor unserer Haustür, denen es mit der Zeit an den Kragen geht und zunehmend gehen wird. Händeringend wird nach Möglichkeiten gesucht, die Situation zu verbessern oder zumindest das Ausmaß und die Häufigkeit klimatisch bedingter Katastrophen zu reduzieren, wobei die naheliegendste Idee – weniger Leute – von den meisten empört von sich gewiesen wird. Ein bisschen Mülltrennung hier, ein bisschen Fair Trade da, mehr möchte man eigentlich nicht tun. Die Frage einer möglichst reichen Nachkommenschaft wird nicht in Frage gestellt, denn schließlich braucht die Wirtschaft ja menschengemachtes Wachstum. Es ist tatsächlich erstaunlich, wie selten diese Idee im politischen und im weiteren gesellschaftlichen Rahmen überhaupt geäußert und diskutiert wird. Dabei wird die Menschheit ohnehin über kurz oder lang aussterben. Wie Benatar schreibt: »[A]lthough things are now bad, they will be better, even if they first get worse with the creation of new people. Some may wish to be spared this kind of optimism, but some optimists may take a measure of comfort in this observation.«[1]

Der US-Amerikaner William Vogt, geboren 1902,

war einer der Gründer der modernen Umweltschutzbewegung. Er vertritt eine Sicht, die schon mal als apokalyptische bezeichnet wurde. Ihr zufolge wird der Mensch – falls er nicht den Konsum einschränkt und die Bevölkerung reduziert – alle globalen Ökosysteme ruinieren. Norman Borlaug, 12 Jahre jünger als Vogt, wurde zum Wegbereiter des Techno-Optimismus, dessen ungebrochener Fortschrittsglaube in denjenigen weiterlebt, die tatsächlich glauben, man könne 2050 die prognostizierten 10 Milliarden Menschen so versorgen, dass es nicht nur menschenwürdig ist, sondern dass immer noch eine auszubeutende Erde vorhanden ist. Vogt selbst gab zwar bereits zu, dass es möglich sein würde, eine unvorstellbar hohe Zahl an Leuten zu ernähren, aber nur auf Kosten der Ökosysteme. Und Vogt sollte Recht behalten: Wie man auch im Buch *Farmageddon* lesen kann, wird der Großteil unserer Ernährung von einer hochindustrialisierten Landwirtschaft betrieben, die auf Kosten von Tieren, Boden und damit der Erde selbst geht. Dass der »Krieg ums Wasser« kommen wird, ist bereits zu vielen durchgedrungen. Die Zerstörung des Bodens, die Wasserknappheit, die Verschlechterung der Luft und anderes werden nicht nur zum Umweltkollaps führen, sondern auch zur sozialen Katastrophe, wenn es dann ums nackte Überleben geht. Schließlich prophezeite schon Vogt selbst das, wobei wir heute zusehen können: Bodenerosion, Überbeanspruchung und daraus resultierende Erschöpfung aller möglichen Ressourcen, Artensterben, Wasserverschmutzung etc. Das wiederum führt ja erst recht zu beispielsweise Hungersnöten. Bereits heute ist vielerorts der Nitratgehalt im Grundwasser viel zu hoch – aufgrund von Überdüngung. Dass Letztere in unmittelbarem Zusammenhang mit dem hier diskutierten Thema einer unreflektierten Fortpflanzung steht, dürfte einleuchten. 2050 ist das Jahr, für welches mit 200 Millionen Klimaflüchtlingen gerechnet wird. Bezogen auf 2015 rechnet man damit, dass Bauern weltweit ihre Produktivität um ca. 50 Prozent werden steigern müssen, um dem immensen Bedarf gerecht zu werden. Das wiederum wird einen Trend verstärken, der partiell schon zu beobachten ist: Gerade Bauern in armen Ländern werden ihres Bodens beraubt und somit ihrer Überlebenschance. Schon jetzt ist mancherorts der erwähnte Kampf ums Wasser Realität, die Problematik der nicht mehr weiter ausbeutbaren Ländereien ebenso.

Was soll man denn noch machen? Mehr Dünger ist keine Lösung, denn dieser wird sowieso schon überansprucht, was zu den bekannten Nebenwirkungen wie verschmutzten Flüssen, Seen usw. führt. Auch die Bewässerung möglicherweise fruchtbaren Bodens hat bereits ein Maximum erreicht. Daher sind die geistigen Kinder Borlaugs auf die grandiose Idee der genetisch modifizierten Pflanzen gekommen. So wird der Planet noch mehr belastet, statt endlich mal innezuhalten und umzukehren: weniger Landnutzung, weniger Wasserverbrauch und der Verzicht auf die Anreicherung beider mit letztlich unerwünschten Chemikalien. Mittlerweile ist eine weitere Prophezeiung Vogts eingetroffen und 2011 von einer bedeutenden Studie der United Nations' Food and Agriculture Organization bestätigt worden: Fast ein Drittel des bebaubaren Lands weltweit ist bereits untauglich geworden für den Anbau von Lebensmitteln. Man kann sich unschwer vorstellen, wie sich beispielsweise eine Reiskrise global auswirken würde. Und sie wird immer wahrscheinlicher, da Städte sich mehr und mehr ausbreiten, durstige Menschen ganze Flüsse austrocknen, die Bauern profitablere Pflanzen anbauen und der Klimawandel Ackerland in Wüsten verwandelt.[2] Dazu kommen immer mehr Feuersbrünste. Die Frage ist natürlich auch, ob man im ökologischen Gleichgewicht mit der Natur leben möchte oder ob man dieser mit permanenten Antibiotika- und Pestizidgaben immer mehr zusetzen will. Das geht nur, bis sie zusammenbricht.

Wie man es dreht und wendet – eine drastische und schnelle Reduzierung des globalen Bevölkerungswachstums in der Zukunft ist unabdingbar. Und das nicht nur, wenn eine bestimmte Lebensqualität erhalten werden soll. Wollen wir, dass der Planet überlebt oder wollen wir seine endgültige Zerstörung munter vorantreiben? Viele Menschen in Deutschland scheinen die letztere Frage mit »Ja« zu beantworten, wenn man sich ihr unkritisches Reproduktionsverhalten ansieht. Madeline Ostrander, eine bekannte Umwelt-Journalistin, schreibt am 24. März 2016 in einem *The-Nation*-Artikel (*How Do You Decide to Have a Baby When Climate Change Is Remaking Life on Earth?*), dass ihre imaginäre Tochter regelmäßige Klimakatastrophen erleben würde, wenn sie noch jung wäre: Weizenfelder, die sich in Staub verwandeln, große Teile Kaliforniens komplett verdorrt. Sie würde die Nahrungsmittelpreise extrem steigen sehen und die Wasserknappheit auch in Amerika ausbaden müssen. 2050, eine signifikante Zahl, könnte sie, immer noch erst in ihren Dreißigern, weltweit um Wasser und Land geführte Kriege beobachten.

In den 1980er- und 1990er-Jahren dachten etliche noch, man könnte den Klimawandel aufhalten, aber mittlerweile sind wir weit im 21. Jahrhundert und die Emissionen steigen immer noch. Massive Hitzeperioden werden mehr und mehr Nahrung zerstören, steigende Meeresspiegel Küstenregionen und Inseln versenken. Bereits 2009 hat Mary Fitzgerald im *Guardian* darauf hingewiesen, dass Klimawandel auch ein feministisches Thema sei (*Climate Change is a Feminist Issue* vom 27. Oktober). Sie merkt an, dass es nicht leicht sei, Maßnahmen gegen den Klimawandel zu ergreifen, die den Menschen Rechte zu nehmen scheinen: das Recht zu fliegen, die Automodelle zu fahren, die sie wollen, ihre Terrassen zu heizen und anderes. Aber sie erkennt auch, dass die wirksamste Methode für mehr Nachhaltigkeit, die Einschränkung der Fortpflanzung, Frauen in der Konsequenz sogar empowern würde. Es gibt weltweit über 200 Millionen Frauen, die Probleme haben, an Verhütungsmittel zu gelangen. Bevölkerungskontrolle könnte unter anderem so aussehen, dass man diesen Frauen, die beispielsweise in Südostasien leben und seit mindestens einem Jahrzehnt Probleme haben, sauberes Wasser für ihre Familien zu organisieren, unter die Arme greift, indem man sie in ihren Wünschen unterstützt, ausreichend verhüten zu können. Aber auch die durchschnittliche Britin sollte, so Fitzgerald überzeugend, darauf hingewiesen werden, dass ihr Kind 30 Mal mehr die Umwelt verschmutzt und die Ressourcen der Erde vergeudet als ein Kind aus der Sub-Sahara. Wenn die Informationen hierüber nicht genügend Wirkung zeigten, müsse der Staat eingreifen, beispielsweise indem er weniger Vergünstigungen für Familien mit vielen Kindern auszahle.

In einer kritischen Replik zu Fitzgeralds Artikel aus der Feder von Elizabeth Kirkwood weist diese unter anderem darauf hin, dass dadurch Frauen die Aufgabe der Geburtenkontrolle zugeschoben werde. Die Kritik trifft einen wichtigen Punkt, da die teilweise schwerwiegenden Nebenwirkungen der Pille hinlänglich bekannt sind. Und warum sollte man erwarten, dass eine Frau ihren Körper jahrzehntelang mit Hormonen füttert, um ihren Partner hundertprozentig zu entlasten? Die Kritik von Kirkwood aufgreifend, sollte man den Fitzgeraldschen Lösungsansatz dahingehend erweitern, dass auch Männer in Fragen der Verhütung gebildet und mit den entsprechenden Mitteln ausgestattet werden müssen, nicht nur die Frauen. In dem lösungsorientierten Ansatz von Fitzgerald geht es tatsächlich auch nicht darum einer Bevölkerungsgruppe, den Frauen, allein die Schuld an der mangelnden Verhütung und damit der Überbevölkerung und ihren Folgen zuzuschieben, sondern ein Bewusstsein für die gravierenden Folgen der Überbevölkerung vor allem auch für Frauen zu schaffen. Aus den in politisch-feministischer Hinsicht äußerst produktiven 1970er-Jahren stammt das Buch *The Population Bomb*, welches der Biologe Paul Ehrlich unter anderem zusammen mit seiner Frau Anne veröffentlicht hat. In dieselbe Zeit fällt auch die gemeinschaftliche Gründung der Gruppe *Zero Population Growth*, die letztendlich dazu beitrug, das genuin feministische Recht auf Abtreibung akzeptabler zu machen.

Die Zahlen sollten mittlerweile eigentlich hinlänglich bekannt sein. Wie man unter anderem im *National-Geographic*-Magazin lesen konnte, fährt ein durchschnittlicher Bewohner einer der westlichen Industrienationen ca. so viele Kilometer, dass es reichen würde, 25 Mal die Erde zu umrunden, trinkt derselbe Bewohner 26.000

Gläser Milch, isst über eine Tonne Bananen und zwei Tonnen Brot, verbraucht 1,8 Millionen Liter Wasser und eine Unmenge an Treibstoff noch dazu. Letztlich wird er 64 Tonnen Müll produzieren. Das sind astronomische Pro-Kopf-Zahlen. In Anbetracht dessen kann es nicht verwundern, dass wir einen Klimawandel erleben, mitsamt Artensterben, Wasser- und Luftverschmutzung, Bodenerosion, Rodung, Habitatzerstörung und vielem mehr.

Die antinatalistische Bewegung

Viele interessante, fundierte Artikel zum Zusammenhang von kontrolliertem Bevölkerungswachstum und Klimawandel finden sich in Zusammenhang mit der Gruppe GINK.[3] In diesem Fall gilt in besonderer Weise »nomen est omen«, da sich die Abkürzung der Benennung in »green inclinations, no kids« ausbuchstabieren lässt (grüne Neigungen, keine Kinder). Auch Öko-Feministin Eve Ensler, Gründerin von *One Billion Rising*, sieht klare Parallelen einer von ihr als »rape mentality« bezeichneten Einstellung, die patriarchalen Gesellschaften wie der unseren zugrunde liegen: Man beutet Erde und Frauen gleichermaßen aus; beide sollen unbegrenzt fruchtbar sein – unabhängig davon, ob das für sie selbst zuträglich ist oder sie gar zugrunde richtet.

Antinatalismus, also die Position, dass Fortpflanzung abzulehnen sei, war immer ein Randphänomen. Die Strömung leidet zudem darunter, dass beispielsweise Pro-Life-Aktivisten den Antinatalismus mit dem Verweis auf die bevölkerungspolitischen Gewalttaten der Nationalsozialisten per se als menschenfeindliche Haltung zu diskreditieren suchen. Wie unwohl man sich bei allem fühlt, was aus der individuellen Frage der menschlichen Fortpflanzung auch ein politisch-feministisches Thema macht, zeigt ein erhebliches Distanzierungsbedürfnis selbst aufseiten derjenigen Journalisten, die über den Antinatalismus berichten.[4] Meine Haltung dazu ist, dass es nicht in unserem Interesse sein kann – nicht im Interesse von Frauen und nicht im Interesse der allgemeinen Bevölkerung –, dass wir diese zukunftsentscheidenden Fragen ausklammern. Denn auch wenn wir diese Fragen von uns fortschieben, bleiben sie ja nicht unbeantwortet. Wir lassen dann letztlich andere für uns entscheiden, und wir geben uns der unbegründeten Hoffnung hin, dass andere sich schon um diese Belange kümmern werden. Aufgrund der vielfältigen inhaltlichen Klippen, die das Thema bietet, ist der Antinatalismus nach wie vor stark tabuisiert. Obwohl Überlegungen dieser marginalisierten philosophischen Richtung echte Impulse für eine nachhaltigere Existenz der Menschheit in einem reichhaltigen Ökosystem liefern können. Denn von einer deutlich geringeren Anzahl von Menschen auf diesem Planeten hängt auch das Überleben etlicher nicht-menschlicher Tiere ab.

Nicht nur bei religiösen Gruppierungen, auch bei politischen Parteien findet der Antinatalismus – wie man sich denken kann – kaum Widerhall, denn Kinder sind ja bekanntlich unsere Zukunft. Allerdings gab es bei den humorvollen Briten für eine Weile eine in den 70er-Jahren entstandene Partei mit dem Namen »No Kidding«[5], zu deren Vertretern auch Mahatma Gandhi gehörte – ein Sachverhalt, der den meisten in Bezug auf Gandhi unbekannt sein dürfte. Dabei war die Kein-Kind-Politik zeitlebens ein immens wichtiges Thema für den aus Indien stammenden Aktivisten, zu dem er sich in zahlreichen Schriften äußerte. Er sah darin erhebliche Vorteile.

Valerie Tarico schreibt am 24. September 2014 auf *Grist* in ihrem Artikel *The Obvious Relationship between Climate and Family Planning – and Why We Don't Talk about It*: »Pronatalist policies are most common, when leaders feel threatened by the economic or military strength of a neighboring region.«[6] Dies sollten Frauen nicht gedankenlos unterstützen. Die Autorin erinnert an zahlreiche Beispiele aus der Geschichte, unter anderem den rumänischen Diktator Ceaușescu, der Abtreibung und Verhütung als schlimmste Übel verbot. Immer wieder liest man – so auch in diesem Bericht – über Zwangssterilisationen und ähnliche Schikanen, denen gerade Minderheiten ausgesetzt waren. Und dennoch kann man sagen: Es wäre wünschenswert, dass für Frauen, die eine Sterilisierung tatsächlich wünschen, dieser Schritt ein bisschen leichter umzusetzen wäre, als dies momentan der Fall ist. Man denke auch an die schon erwähnte Vielzahl an Frauen in Entwicklungsländern, die sich oft nichts sehnlicher wünschen, als eine effektive Möglichkeit zu verhüten. Sie wollen sich bilden, Geld verdienen und so weiter – und nicht ein Kind nach dem anderen gebären. Diesen Frauen muss geholfen werden.

Selbst Seiten wie *Global Moms*, die sich mit den gravierenden Ausmaßen des Klimawandels beschäftigen und erkennen, dass Frauen überdurchschnittlich davon betroffen sind, wagen nicht, das Thema der Verhütung in seiner umfassenden Bedeutung für Frauen anzusprechen. Frauen leiden besonders unter dem Wandel, da sie beispielsweise einen großen Prozentsatz der Armen weltweit stellen, öfter auf den Feldern arbeiten, weiter gehen müssen, um Wasser für die ganze Familie zu holen und anderes. Dass die einzig richtige, logische Konsequenz, keine oder weniger Kinder zu produzieren, entweder nicht erkannt oder nicht ausgesprochen wird, ist traurig. Offenbar haben diese *Moms* das Faktum nicht zur Kenntnis genommen, dass ihr Recyceln nur ein Tropfen auf dem heißen Stein ist im Vergleich zu den positiven Effekten, die sich für das Leben auf dieser Erde durch den Verzicht auf ein weiteres Baby ergeben.

Eine deutlich aufgeklärtere Einstellung vertreten andere Bewegungen, die interessanterweise fast sämtlich aus dem angloamerikanischen Raum kommen. Man denke an VHMT, das so abgekürzte Voluntary Human Extinction Movement, deren Überzeugung ist, dass der Rest der Biosphäre eine Chance auf Erholung bekomme, wenn der Mensch erst aus ihr verschwunden sei. Da man niemanden dazu zwingen kann, sich der Fortpflanzung zu enthalten, startet die Bewegung mit dem Wort »voluntary«, um jeglichen üblen Verdächtigungen (die es natürlich trotzdem gibt) vorzubeugen. Wie sehr das allgemeine Bewusstsein von pronatalistischen Einstellungen beeinflusst ist, zeigt sich, wenn Klimaforscher, die diese Bewegung unterstützen, mit der Bevölkerung in Austausch treten, beispielsweise an Infoständen, und viele Frauen mit blanker Fassungslosigkeit und Aussagen wie »Aber Mutterschaft ist meine biologische Bestimmung! Der Sinn meines Lebens!« reagieren. Viele Frauen können sich nicht vorstellen, dass es für sie einen Lebenssinn jenseits der Reproduktion gibt. Es ist wirklich disaströs, wie viele Frauen sich für Kinder entscheiden, obwohl wir mittlerweile so viele Möglichkeiten haben, uns davor zu bewahren. Liebe und Sex führen nicht mehr zwangsläufig zu Kindern, so wie das früher leider der Fall war, zumindest bei den heterosexuellen Paaren. Dass die Kinderfixiertheit auch vor lesbischen Verbindungen nicht notwendigerweise Halt macht, soll hier wenigstens erwähnt werden. Das enttäuscht, weil man meinen könnte, dass in Gruppen, die bereits aufgrund ihrer eigenen gesellschaftlichen Ausgrenzungserfahrungen oftmals reflektiertere, progressivere Einstellungen vorherrschen sollten. Zum Glück gibt es immer wieder auch Frauen, die positiv auf die Anliegen von VHMT reagieren und bei denen sozusagen offene Türen eingerannt werden. Viele von diesen Frauen sind schon im Bereich des Umwelt- und Tierschutzes aktiv und somit sensibilisiert für und informiert über den prekären Zustand der Lebensräume zahlreicher Arten.

Der bereits oben eingeführte Philosoph David Benatar liefert dieser Gruppe intellektuelle Munition: »My answer to the question *How many people should there be?* is *zero*. That is to say, I do not think that there should ever have been any people. Given that there have been people, I do not think there should be any more. But this *zero* answer, I said earlier, is an ideal answer.«[7] Dass Benatar diese radikale theoretische Position bezieht, heißt nicht, dass er sich der schwierigen Umsetzung seines Anliegens nicht bewusst wäre. Um der in ethischer Hinsicht unannehmbaren Möglichkeit aus dem Weg zu gehen, dass sich im Falle einer die Fortpflanzung einschränkenden Bevölkerungspolitik nur eine bestimmte Gruppe fortpflanzen dürfe (oder nur eine bestimmte Gruppe das *nicht* tun dürfte), schlägt er logischerweise vor, dass das Prinzip egalitär umgesetzt werden müsse. Von seinem Standpunkt aus, sollten wir alle auf Kinder verzichten. Natürlich gäbe es dann irgendwann keine Menschen mehr, aber das wäre es, was die restliche Biosphäre bräuchte. Oder wie Benatar sagt: »It strikes me, therefore, that the concern that humans will not exist at some future time is either a symptom of the *human arrogance* that our presence makes the world a better place or is some *misplaced sentimentalism*.«[8]

Auch wenn man Benatars Programm in seiner radikalen Konsequenz nicht folgen möchte, lässt sich im Anschluss an ihn das unverantwortliche Reproduktionsverhalten kritisieren, das er allgemein global beobachtet. Als Deutsche kann man nur bestätigen, dass hierzulande die pronatalistische Propaganda ein neues Hoch erreicht hat, das sich in Geburtenrekorden messbar niederschlägt. In anderen Ländern, wie den USA oder Kanada, ist die Lage in dieser Hinsicht deutlich besser. Sucht man nach weiteren antinatalistischen Inseln im allgemeinen pronatalistischen Konsens fällt auch die Gruppierung Church of Euthanasia ins Auge, deren Mitglieder sich dem Motto »Thou shalt not procreate« (Du sollst dich nicht fortpflanzen) verschrieben haben. Ihnen geht es um den bewussten Verzicht auf Reproduktion zugunsten eines Planeten, der bereits in einer sehr schlechten Verfassung ist. Sie veranstalten keine Infostände, sondern coole Performances, wie beispielsweise das symbolische Vergießen von Sperma auf dem Gehsteig vor einer Spenderklinik. Vom Reverend Chris Korda gibt es auch eigene Songs, in denen es um die Umweltprobleme geht, die uns im 21. Jahrhundert beuteln und deren Lösung für ihn auch in weniger Nachwuchs besteht. Eine kanadisch-schwedische Studie ergab, dass die Erde pro Kind durchschnittlich 9.441 Tonnen CO_2 mehr ertragen muss. Dieser Wert wurde 2008 von einer in Oregon durchgeführten Studie bestätigt, woran sich das Fazit knüpft: Schon zwei Kinder sind eines zuviel.

Auch für Deutschland gibt es nach Nicole Huber Berechnungen, wonach eine Bevölkerung von ca. 38 Millionen optimal wäre, was die Biokapazität beziehungsweise den ökologischen Fußabdruck betrifft. Allgemein gilt außerdem – und das wissen wir schon aus Versuchen mit Ratten –, dass weniger Leute immer gleichbedeutend sind mit mehr Lebensqualität für die einzelnen Personen. Insofern muss man auf die übliche Reaktion beim Thema Überbevölkerung – »Aber doch nicht bei uns in Deutschland!« – mit einem klaren »Doch« reagieren. Auch hierzulande wäre ungefähr die Hälfte der jetzigen Bevölkerungszahl ein Segen. Und Huber hat noch weitere Berechnungen angestellt, wie sie bislang hauptsächlich für die USA und England vorlagen (zusammen mit den entsprechenden politischen Bestrebungen, die damit in Verbindung stehen): Sie legt die finanzielle Diskriminierung Kinderfreier offen. Diese bezieht sich nicht nur auf die Steuerpolitik, sondern auch auf andere Geld-Anreize, die unsere strikt pronatalistische Regierung für Eltern bietet. Dass die Rechtfertigungsgrundlage dafür eigentlich nicht mehr existiert, liegt zwar auf der Hand, wird aber aufgrund des Widerstands der Eltern-Lobby und von Politiker, die um ebenjene Kinder – ihre zukünftigen Wähler – fürchten, nicht umgesetzt. Ja, die Benachteilung wird noch nicht einmal offen anerkannt. In der Welt, in der wir mittlerweile leben, ist die Entscheidung für ein Kind faktisch nicht mehr guten Gewissens zu unterstützen – so sehr sich Einzelne dies vielleicht wünschen mögen. Es sollte folgerichtig auch auf die finanzielle staatliche Förderung einer solchen doch zumindest höchst bedenklichen Entscheidung verzichtet werden.

Hauptsache, die deutsche Wirtschaft wächst. Ob die Zivilisationskrankheiten überhand nehmen, ob noch eine reichhaltige Tier- und Pflanzenwelt da ist, mit der Kinder aufwachsen können – alles nicht so wichtig. Auch ob der Nachwuchs später Probleme haben wird, einen Job und eine bezahlbare Wohnung zu finden – Hauptsache, sie leisten ihren Beitrag zu einem ohnehin hoffnungslos überholten Rentenmodell. Letzteres müsste längst anders gestaltet werden, so die Meinung zahlreicher Experten. Es wird ignoriert, dass wir mit der Einstellung »Fortpflanzung um jeden Preis« auch das entsprechende Leiden mitproduzieren (wie beispielsweise Missbildungen oder Eileiterschwangerschaften, die durch In-Vitro-Befruchtungen entstehen können). Wir ignorieren, dass jeder dritte Deutsche an irgendeiner Allergie leidet (Tendenz steigend), dass es immer mehr Fälle chronischer Krankheiten gibt – unter anderem wegen der selbst verursachten schlechten Bedingungen, mit denen die Menschen zu kämpfen haben. Lieber beschert man sich selbst und anderen 11 Monate Heuschnupfen pro Jahr, als auf Fernreisen per Flugzeug zu verzichten.

Auch Benatar spricht sich gegen künstliche Befruchtung und andere Schikanen einer »medizinischen« Reproduktionsindustrie aus, die auf dem Rücken der Frauen ihre perversen, aber eben lukrativen Geschäfte treibt: »In other words, my arguments pose a challenge to infertility medicine and its practitioners. More specifically, my arguments suggest that it is wrong to help somebody inflict the harm of bringing somebody into existence.«[9] Der Verzicht auf ein Kind spart laut Forschern aus Schweden und Kanada knapp 60 Tonnen Kohlenstoffdioxid im Jahr. Dieselbe Einsparung bringt nicht einmal das autofreie Leben im selben Zeitraum (2,4 Tonnen) und schon gar nicht das Recyceln (weniger als 0,2 Tonnen jährlich). In China gibt es beispielsweise nach wie vor Höschen für kleine Kinder, die im Schritt nicht vernäht sind, damit das Kleinkind sich jederzeit auf der Straße hockend erleichtern kann. Da bleiben Beschwerden über Gestank, Dreck und Hygiene natürlich nicht aus. Aber diese Kinder produzieren dafür deutlich weniger Müll, da Wegwerfwindeln nicht nötig sind. Überhaupt: Der Nachwuchs produziert ja nicht nur besagte Windelberge, sondern auch wahnsinnig viel anderen Müll, er braucht Unmengen an Nahrung und Geld – und erbt von uns einen kaputten Planeten und eine extrem unsichere Zukunft. Wenn jemand aber vorschlägt, einfach kein Kind zu haben, um Müllberge im Allgemeinen und durchaus auch im eigenen Interesse zu vermeiden, sind viele Menschen unverständig.

In jedem Superhelden-Film ist, die Welt zu retten, eine noble Mission, warum also nicht in diesem Fall? Man hat den Eindruck, dass die Idee, die eigene Fortpflanzung aus guten – egoistischen wie altruistischen – Gründen einzuschränken, als Anweisung zum Massenmord verstanden wird. Anstatt sie in ihrem tatsächlichen Anliegen zu begreifen: als Bewusstmachung derjenigen Aspekte, die bei Fragen individueller Geburtenkontrolle eben auch eine gewichtige Rolle spielen könnten. Was ist so toll an der Überbevölkerung, warum wollen einige der restlichen Biosphäre einfach keine Erholung gönnen?

Warum stellen sie die Menschen über alle anderen Lebewesen? Überhaupt drängt sich die Frage auf, warum man sich unbedingt selbst reproduzieren muss, wenn überall auf der Welt Waisenhäuser überquellen. Ist es wirklich die Liebe zum Kind oder der Narzissmus, der die Menschen hier motiviert? Ist das klischeehafte Vorurteil gegenüber Kinderfreien, dass diese ich-bezogen, oberflächlich und unreif seien, vielleicht eher eine Strategie, von den eigenen egoistischen Bedürfnissen abzulenken?

In Deutschland werden die Fragen, die der Antinatalismus aufwirft und die Forderungen, die sich aus seinen Erkenntnissen für eine zukunftsfähige Bevölkerungspolitik ergeben, als Zumutung erlebt. Sie werden verborgen oder ignoriert. Schließlich sind wir doch ein freies Land, wo jeder das Recht hat, sich so oft fortzupflanzen, wie er möchte. Nur sehr vereinzelt werden Stimmen laut, die eine bewusste Auseinandersetzung mit diesem Gegenstand fördern und fordern. Dazu gehört beispielsweise Alina Bronskys Artikel in der Frankfurter Rundschau vom 17. Juli 2017: *Kinder sind schlecht für die Umwelt*, so lautet der Titel ihres Artikels und meint damit vor allem solche, die sich im Laufe ihres Lebens zu Fleisch essenden Vielfliegern entwickeln.[10] Auch wenn Bronsky durch ein Ausweichen ins Ironische am Schluss ihres Beitrags den eigentlich guten, wichtigen und schlagkräftigen Argumenten viel an Ernsthaftigkeit und Überzeugungskraft nimmt, leistet ihr Artikel damit doch immerhin für viele eine erste Berührung mit diesem Thema.

Carol Adams wies 2003 in ihrem Buch *The Pornography of Meat* darauf hin, dass verschiedene Unterdrückungsformen (zum Beispiel Sexismus, Ageismus, Rassismus und andere) verbunden sein können durch dasselbe Prinzip, das diese Unterdrückung organisiert. Es folgten weitere Publikationen von ihr zu diesem brisanten Aspekt. Die Einsicht, dass systematische Formen der Unterdrückung oft miteinander verbunden sind und dass deswegen im Grunde das dahinterliegende Prinzip und nicht nur die verschiedenen Manifestationen dieses Prinzips als Einzelne bekämpft werden müssten, thematisiert auch Lisa Kemmerers brillante Aufsatzsammlung *Sister Species* (2011). Der Ökofeminismus beispielsweise, der nicht nur Frauen, sondern auch die rücksichtslose Unterwerfung der Natur adressiert, richtet sich auf ebensolche Interdependenzen aus. In diesem Zusammenhang ist von Interesse, dass die Ausdrücke »breeder« oder »to breed« im angloamerikanischen Sprachraum für *human* und *nonhuman animals* gleichermaßen benutzt werden, wobei er auf Menschen bezogen als beleidigend empfunden werden kann. Der sprachliche Gebrauch dokumentiert den engen Zusammenhang zwischen menschlichen und nicht-menschlichen Arten – auch wenn sich kulturell die weitgehende Verdrängung dieses Zusammenhangs durchgesetzt hat. Er ist Ausdruck des engen Zusammenhangs, der die Grundlage für solche Interdependenzen darstellt. Nicht richtig ist aber, und das betont auch Kemmerer, dass der Begriff nur auf Frauen Anwendung findet – Männer sind selbstverständlich genauso *bree-*

der (schließlich wird die Frau ja in den seltensten Fällen von ganz alleine schwanger). Auch Christine Garcia, die Gründerin des Animal Law Office in San Francisco, beklagt ebenfalls die falsche Werteordnung vieler Zeitgenossen: unten seien Tiere und Natur/Umwelt, darüber stünden die Menschen, darüber Geld oder Gott.

Warum wir uns in der Regel selbst nicht die Wahrheit sagen

Wie oben gesehen, lässt sich philosophisch durchaus argumentieren, dass jedes neue Leben automatisch auch neues Leid beinhaltet und es somit besser wäre, auf dessen Herstellung zu verzichten. Je mehr neue Menschen, desto mehr Leid. Ein Vertreter dieser Richtung ist der schon mehrfach erwähnte David Benatar.[11] Er stellt das Gebot der Nachkommenlosigkeit auf – zur allgemeinen Leidensverringerung. Kinder zu produzieren hält der Philosophieprofessor für moralisch verwerflich. Schließlich können etwaige, wenige Glückserfahrungen nicht über die generelle Misere der menschlichen Existenz hinwegtäuschen: »Since all existers suffer harm, procreation always causes harm.«[12] Die philosophische Richtung des *Antifrustrationism* thematisiert zwar ihrerseits nicht explizit den Bereich der Fortpflanzung, führt aber in letzter Konsequenz zur Aussage, dass es besser wäre, keine neuen Menschen in die Welt zu setzen – schließlich gebe es bereits eine Menge unbefriedigter Bedürfnisse und Präferenzen. Zahlreiche Lebensbereiche halten nicht besonders viel Befriedigung, aber mannigfaltige Arten des Unbefriedigtseins für uns bereit. Es werden etliche unangenehme Zustände aufgezählt: Unwohlsein, Schmerz, Leid, Unglück, Schuld, Scham, Irritation, Gereiztheit, Langeweile, Angst, Frustration, Stress, Trauer, Einsamkeit und noch einiges mehr. In seinem Hauptwerk beweist der *Antifrustrationism* außerdem, wie Menschen systematisch die Qualität ihres Lebens überbewerten. Man kennt vielleicht das Pollyanna-Prinzip, eine Tendenz zum Optimismus. So erinnert man sich beispielsweise rückblickend oft an schöne Aspekte, die negativen aber blendet man aus. Viele Leute glauben auch, dass es ihnen besser geht als der Mehrheit oder dem Durchschnittsmenschen. Wenn das nicht mehr gegeben ist, schraubt man seine Erwartungen nach unten und schon kann man wieder sagen, dass doch eigentlich alles passt – man adaptiert, akkommodiert, gewöhnt sich um.[13] Diese Tendenz ist so ausgeprägt, dass eine realistische Einschätzung der Lage schon als Gejammer pessimistischer Schwächlinge abgetan wird. Aber was, bitte, ist zu beschönigen an einer Welt von Hunger, Krieg, Gewalt? Benatar nennt hier Vergewaltigungen, genitale Verstümmelung von Frauen usw. Einer Welt, in der eine Unzahl von Menschen ermordet wird, gequält, gefoltert, geprügelt, misshandelt, missbraucht, ausgenutzt, erniedrigt, benutzt, missachtet? Konsequenterweise bedeutet Reproduktion für den Philosophen Russisches Roulette.

Passend zu dieser Haltung spricht sich Benatar auch für Abtreibung und Tierschutz aus. Gerade die Tiere sind ja auch Opfer menschlicher Gewaltausübung: »Each year, humans inflict suffering on billions of animals that are reared and killed for food and other commodities or used in scientific research. Then there is the suffering inflicted on those animals whose habitat is destroyed by encroaching humans, the suffering caused to animals by pollution and other environmental degradation, and the gratuitous suffering inflicted out of pure malice.«[14] Weil der Vegetarier Benatar stets die leidende Kreatur im Auge hat (wir erinnern uns an Arthur Schopenhauer, der im Münchner Tierschutzverein Mitglied war, es mit seinen Mitmenschen aber weniger hatte), finden sich in seinem Buch immer wieder Hinweise auf das menschenverursachte Elend der Tiere – auch und gerade das der sogenannten Nutztiere, die den Fleischkonsumenten unter uns zuliebe produziert und gequält werden.

Das Gegebensein von Leid ist für Benatar im ethischen Sinne schlecht, das von Glück dagegen gut und daher wünschenswert. Das Nichtgegebensein von Leid ist gut, das Nichtgegebensein von Glück ist aber nicht schlecht (außer man raubt es jemandem). Diese Argumentation stützt sein Gebot der Nachkommenlosigkeit. Folgerichtig geht es in einem Kapitel seines Hauptwerks auch um die »letzten Leute« auf dieser Welt, denn sein Projekt sei an sich leicht zu verwirklichen.

Um eine Schwangerschaft nicht zu beenden, brauche eine Frau exzellente Gründe, so der Philosoph – und damit unterstützt er *nolens volens* feministische Forderungen nach einer echten Befreiung der Frau, die als Mutter zum Scheitern verurteilt ist. Er spricht sich darüber hinaus für eine deutlich längere Frist als die momentan übliche aus, was Schwangerschaftsabbrüche angeht. Nicht nur würden die Frauen dadurch von dem enormen Zeitdruck entlastet, der ihnen in solch einem Fall zu allem Überfluss ja auch noch im Nacken sitzt, sondern er würde auch den fehlgerichteten Fokus der Abtreibungsgegner vom ungeborenen Leben zum Wohl der Frau verschieben. Benatar hat absolut recht, wenn er argumentiert, dass ein Fötus keine moralischen Empfindungen habe – erst dies würde ihn zu einem Menschen machen. Ein mehr oder minder großer Zellklumpen sei eben kein Mensch. »Jemand«, der noch keinerlei Bewusstsein besäße, sei kein Mensch. Er findet es ausgesprochen betrüblich, wie die generelle Gesetzeslage aussieht: »Whereas a legal pro-choice position does not require a pro-lifer to have an abortion – it allows a choice – a legal pro-life position does prevent a pro-choicer from having an abortion.«[15] Benatar meint zudem, dass sich die meisten Leute aus einer Art Hybris heraus reproduzieren wollten, was er als arrogant empfindet. Es passt zu dieser Mentalität, wenn das Wohlergehen der eigenen Spezies über das aller anderen gestellt wird. Auf einem endlichen Planeten führt das recht bald zu Nahrungsknappheit, wenn die überbordende Umweltverschmutzung nicht zuvor zum Kollaps des Planeten geführt hat. Dies könne man nicht wollen. Konsequenterweise spricht sich Benatar auch für Adoption aus, da diese den wenigen Leuten mit echtem »Eltern-Instinkt« helfe und keine weiteren leidenden Kreaturen erschaffe. Ansonsten würden seiner Meinung nach viele Kinder gezeugt, um einen gewissen Status zu erlangen und um biologische Bedürfnisse zu befriedigen. Oder auch um eine falsch verstandene Unsterblichkeit anzustreben.[16]

Benatar geht es letztlich nicht nur um die philosophisch-ethische Fundierung der antinatalistischen Haltung. Als Philosoph sieht er sich darüber hinaus im Besitz des intellektuellen Freibriefes, für diese Haltung auch Handlungsoptionen zu imaginieren: sprich sich eine Einrichtung der Welt vorzustellen, welche sich nicht auf das

Überleben, sondern das Aussterben der Menschheit richtet. Dabei muten seine Gedankenspiele in manchen ihrer Wendungen durchaus bedrohlich an. Zum Beispiel wenn es darum geht, die Handlungsoption einer allgemeinen (und dazu unwissentlichen) Verbreitung von Verhütungsmitteln über das Trinkwasser theoretisch-ethisch zu durchdenken und zu rechtfertigen. Dennoch setzt der unwillkürlich einsetzende innere Widerstand gegen solche Überlegungen – und von einem solchen Widerstand kann man mutmaßlich bei einem Großteil der Menschen ausgehen – einen gedanklichen Prozess in Gang, der sich als erkenntnisfördernd herausstellt. Denn in diesem Aufbegehren gegen Benatars totalisierende antinatalistische Vision richtet sich der Scheinwerfer zurück auf uns selbst: auf die Fragen, was wir eigentlich in (unseren) Kindern zu sehen meinen, in welche falschen Hoffnungen wir sie und uns hüllen (»meine Kinder werden die Welt vor dem Untergang retten«), wofür wir Kinder auf eine bestimmte Art »gebrauchen«, nicht nur für unsere eigenen egoistischen Belange, sondern auch diejenigen einer dem Wachstum verpflichteten Gesellschaft, um dabei dem Großteil der Menschheit und des ökologischen Systems dabei zusehen, wie sie den Bach runtergehen. Wer sich ehrliche Antworten auf diese Fragen gibt, dem fällt es sicher nicht mehr ganz so leicht, Benatar mit dem Vorwurf des Nihilismus mundtot zu machen. Benatar ist jedenfalls nicht allein mit seiner Theorie, die manchen seiner Kollegen als extrem exotisch erscheinen mag, die aber doch auch zu einer lebhaften Diskussion über ihre Prämissen geführt hat.

Es fragt sich, wie man sich Benatars logisch-radikaler Intervention zu den Themen von menschlicher Existenz, Glück/Leid und Prokreation öffnen kann, wenn man selbst pronatalistisch geprägt ist und mit Freude auf das eigene Leben blickt. Entrüstete Verteidigungsreden, dass die eigene Entscheidung, sich fortzupflanzen, niemanden etwas angehen dürfe, führen auf jeden Fall nicht weiter. Diese Position lässt sich in einer Welt, in der Wohl und Wehe vieler Menschen, der geborenen wie der ungeborenen, auch von der Frage abhängen, wie sich die Bevölkerung in den kommenden Jahrzehnten entwickeln wird, nicht wirklich vertreten. Wir haben bereits einen schwer übervölkerten, gebeutelten Planeten und jedes weitere Kind belastet ihn nicht nur auf vielfache Weise, sondern setzt diesen Zyklus womöglich selbst fort. Denn die allerwenigsten Kinder lösen später als Erwachsene das Plastikproblem im Ozean oder beenden die ungerechten Verteilungsverhältnisse auf unserem Planeten. Die allermeisten werden ein mittelmäßiges Dasein als Konsument_innen fristen und Ressourcen verbrauchen, die auch jemandem nutzen könnten, der schon da ist, oder die, natürlich noch viel besser, am besten gar nicht erst verbraucht werden würden. Ein Baby in Hinblick auf seinen ökologischen Fußabdruck mit einem Auto zu vergleichen und festzustellen, dass Ersteres im Vergleich mit Letzterem sehr schlecht abschneidet, heißt nicht, einen Menschen mit einem Gegenstand gleichzusetzen. Aber es bedeutet, der eigenen Entscheidung in Fortpflanzungsfragen eine Information hinzuzufügen, die vielleicht für den einen oder die andere eine lebensverändernde Bedeutung erhalten kann. Wer es ernst meint mit einem nachhaltigen Leben, könnte dadurch den eigenen Fokus weg von der Familiengründung hin zum Engagement in anderen beruflichen oder ehrenamtlichen Feldern lenken. Meine Erfahrung ist, dass man auch unter den Bedingungen eines pronatalistischen Imperativs durchaus durchdringen kann zu manchen Menschen. Manche haben sich einfach noch nie die Mühe gemacht, über so »normale« Verläufe nachzudenken. Schule, Studium, Heirat, Haus, Kind. So haben es die eigenen Eltern gemacht und was ist falsch daran? Man stellt in der Regel ja auch nicht infrage, dass man eine Ausbildung machen muss. Kinder gehören für die meisten schlichtweg dazu.

Janosch, der Tigerenten-Erfinder, teilte Benatars Einstellung zur menschlichen Existenz und spricht in einem seiner berühmtesten Zitate vom Leid, das alle Menschen heimsucht – ob es nun (chronische) Krankheiten des Körpers oder der Seele seien, fehlende Wohnungen, Jobs, Wunschpartner etc. – unvermeidlich ist es, im Dasein zu leiden. Janosch sagte, dass von 1.000 Geborenen nur ein einziger einigermaßen erträglich durchs Leben käme. Ein Topos aus Literatur und Philosophie ist der Held, der sich darüber beklagt, dass er nun hier sei in seiner Misere, obwohl er doch gar nicht darum gebeten habe. Man könne nicht die Zustimmung des Ungeborenen einholen, ergo, so Anhänger dieser Theorie, dürfe man auch nicht willkürlich so ein Risiko eingehen. Auch der neue Mensch, den man produziere, sei mutmaßlich mit diversen Krankheiten physischer und oder psychischer Natur geschlagen und habe seine Einwilligung nicht gegeben. Er selbst hat sich nicht freiwillig auf diesen Deal, der ihm jede Menge Enttäuschungen zwangsläufig zuteil werden lässt, eingelassen.

In Anbetracht der oben versammelten Aspekte, dass Kinderfreiheit eine Entscheidung für mehr Nachhaltigkeit sein kann und durchaus auch philosophisch als moralische Handlung fundiert werden kann, ist die Idee einer Belohnung für Leute, die ohne Nachwuchs bleiben, tatsächlich bereits gefordert worden: so zum Beispiel vom *Club of Rome*, einem Zusammenschluss von Experten, die sich für eine nachhaltige Zukunft einsetzen. Gefordert wird eine Prämie von 80.000 Dollar für kinderfreie Frauen – auszuzahlen am 50. Geburtstag. Ich finde das eine wunderbare Idee. Warum sollen nur konform-konservative Menschen in ihren Lebensentwürfen bestätigt und gefördert werden und nicht mal auch die mutigen, reflektiert Handelnden? Dies ist genau im Sinne Nietzsches, der für eine Umwertung der Werte plädierte.

Wenn Sheila Jeffreys 2015 eine Kultur des Widerstands fordert (*Beauty and Misogyny*), dann bezieht sie sich auf die Ablehnung von »harmful cultural practices« – von der Totalrasur über die Porn-chic-Mode bis zu verstümmelnden »kosmetischen« Operationen. Meines Erachtens sollte diese Liste noch um einen Punkt erweitert werden: die Zwangsmutterschaft. Nur auf den allerersten oberflächlichen Blick hat diese Angelegenheit nichts mit den von ihr aufgelisteten Übeln zu tun, auf den zweiten Blick hingegen lassen sich engste Verbindungen erkennen. Das manifestiert sich allein schon mal an den patriarchalen Metaphern, die Natur feminisieren und Frauen naturalisieren. »Women and nonhuman animals are exploited for their reproductive abilities, and both are devalued as they age and wear out«[17]. Im Gegenzug zu

Hühnern, Kühen und Schweinen gibt es für Frauen eine Wahl. Unter den Bedingungen des heutigen Lebens können wir uns tatsächlich gegen das entscheiden, was man von dem Standpunkt feministischer Interessen durchaus auch als reproduktive Ausbeutung beschreiben kann. Noch einmal Jeffreys: »Females – sows and cows and hens and women – suffer because of their sex in Western patriarchal culture, where female bodies are exploited as sex symbols, for reproduction, for breast milk, and/or for reproductive eggs.«[18] Sie prangert an einen »exploitative view of females as childbearers, which makes aging and menopause problematic and undesirable.«[19] Also lasst uns Widerstand leisten! Denn genau wie man Bauernhoftiere mittlerweile züchtet, um sie fügsamer, dümmer, abhängiger usw. zu machen, erreichen uns über die Konsumobjekte der Populärkultur diejenigen Botschaften, die uns in unserem Denken, Fühlen und Handeln als geschlechtliche Wesen und als Menschen kontrollierbar machen. Das lässt sich illustrieren an der Rosa-Hellblau-Falle, die von manchen als scheinbar harmlos abgetan wird. Schließlich geht es ja nicht (nur) um die dualistische Kodierung der Farben selbst, sondern um die Objekte, in denen diese Farben gehalten sind, und die eine klare Zuordnung zu einem explizit männlichen und explizit weiblichen Lebensbereich leisten: Schminkköfferchen für Kindergartenmädels, Puppenwägelchen etc. – alles, was einen vorbereitet auf die Rolle der devoten, nicht mitdenkenden Frau. Gerade in dem zarten Alter, in dem diese Prägungen stattfinden, wird so ein Fundament geschaffen, das Frauen in ihren Entwicklungspotenzialen einschränkt und interessengeleitet zurichtet. Wenn die nächste Generation diesen Impulsen folgt, die hier gesetzt werden, steht uns Schlimmes bevor. Wie Kristin Park schon 2005 herausgefunden hat: Es besteht in der Tat ein Zusammenhang zwischen dem Spielen mit Puppen und der Zuneigung zu Babys. Viele kinderfreie Frauen, die sie interviewt hat, sagen aus, dass sie für beides nie viel übrig hatten.

Vielleicht lässt sich über die Ansätze des Ökofeminismus und die wirklich weite Perspektive auf globale und innergesellschaftliche Unterdrückungsverhältnisse, die dieser eröffnet, das meiste unter anderem für Frauen erstreiten. Die Rede ist von einem Ökofeminismus, der über das Recyceln, Radfahren und das Heimische-Gemüse-Kaufen hinausgeht und auch einen Gebärstreik umfasst. Im Januar 2018 erntete die US-amerikanische Feministin Kristen Pyszczyk einen Shitstorm, weil sie ein Paar dafür kritisierte, ein fünftes Kind zu bekommen. Gerade in ihrem Land seien die Adoptionszahlen sehr gering, eine große Menge Heimkinder fristeten ein klägliches Dasein. Im Geschrei gingen ihre Hinweise für Alternativen zur Mutterschaft oder auf die Auswirkungen des Klimawandels unter. Dabei ist es ungemein wichtig, dass man Frauen im gebärfähigen Alter vor Augen führt, dass unsere Spezies nicht mehr wert ist als andere. Dass jedes einzelne Kind, so viel Freude es im Einzelfall bereiten mag, massiv zur Verschmutzung und letztendlichen Zerstörung des Planeten beiträgt. Dass auch ihre Kinder beziehungsweise deren Nachkommen dann ausbaden müssen, was die uferlose Fortpflanzungswut der vorhergehenden Generationen verursacht hat. Allison Lance, unter anderem Gründerin der Galapagos Preservation Society, findet deutliche Worte: »Is it smart to bring a kid into this down-spiraling world? I am sick of hearing:

My baby could grow up to change the world! Bullshit. There are already a lot of good people trying to bring change, but there are too many people consuming, using resources, living without thinking or feeling. Bringing a child into the world is *selfish, dangerous, and totally irresponsible.*«[20] In diesem Sinne eines umfassenden Ökofeminismus ist mein abschließendes Manifest zu verstehen. Ich erlaube mir dabei, was sich Frauen viel zu selten erlauben, nämlich die Dringlichkeit und Ernsthaftigkeit des vertretenen Anliegens auch in der Radikalität und Drastik der Formulierung – man könnte auch sagen: einer lustvollen Rotzigkeit – Ausdruck zu verleihen.

4. Manifest

Also aufgepasst, liebe Frauen: Reklamiert die Kontrolle über eure Gebärmutter, denn der Anfechtungen sind viele. Verweigert euch dem maskulinistischen Omnipotenzwahn, der sich ihrer bedienen will. Die Quintessenz der Totalverweigerung muss sein, dass wir unsere Körper nicht hergeben für einen Geburtenkrieg, den moderne Nazis im Schafspelz der Vaterfigur gegen muslimische Einwanderer führen wollen. Lasst Frauke Petry und Konsorten ihren perversen Kampf alleine oder mit ihresgleichen austragen. Denn jedes phallische Gesetz, selbst wenn es sich als legitimes gebärdet, stellt »eine obszöne Beschneidung weiblicher Subjektivität [dar]. Denn es reduziert die Frau erbarmungslos auf ein Pfand im Spiel der Männerbündnisse.«[1] Und genau das tut die Mutterrolle. Daher muss jede echte Feministin diese Rolle weit von sich weisen. Denn: »Nimmt eine Frau an der Ausbeutung ihrer selbst teil, trägt das auch zur Ausbeutung anderer bei.«[2] Da sicher immer noch genug Männer und Frauen übrig bleiben werden, die sich auch in diesem Jahrhundert noch unbedingt trotzdem fortpflanzen wollen (warum auch immer), müssten politisch grundsätzlich andere Weichen gestellt werden: Wir müssen uns kritisch mit einer Politik auseinandersetzen, die

Fortpflanzung unterstützt und uns stattdessen ernsthaft und tabulos mit politischen Maßnahmen befassen, die Fortpflanzung wirksam begrenzen.

Wer einen unbezähmbaren Drang hat, sich mit Kindern zu beschäftigen, dem sei auch eines der zahlreichen Ehrenämter ans Herz gelegt, die unmittelbar mit Kindern zu tun haben. Oder ein Pflegekind. Oder eine Adoption. Auf diesem Wege lässt sich gleich Mehrfaches erreichen: Man erspart sich die gefährliche Geburt und produziert keinen neuen Umweltverschmutzer, sondern hilft einem, der bereits existiert. Insofern wäre ein Desiderat auch die Lockerung unserer Adoptionsgesetzgebung, damit mehr Paare, die sich gern um ein schon vorhandenes Kind kümmern würden, das auch können und nicht an bürokratischen Hürden scheitern müssen. Zum Beispiel leuchtet es nur partiell ein, warum Adoptionseltern ein bestimmtes Alter nicht überschreiten dürfen, während dies bei biologischen Eltern niemandem einfallen würde zu reglementieren.

In einer misogynen Welt wie der unseren täte es mir leid, einem weiteren unschuldigen Mädchen so etwas zuzumuten: Missbrauchsrisiko, sexuelle Belästigungen in jedem Alter an allen nur erdenklichen Orten, mögliche Vergewaltigungen (wir erinnern uns: Jede dritte Frau wird in ihrem Leben mindestens einmal vergewaltigt), Gewalt in Beziehungen und vieles mehr. Auch jeder Junge täte mir leid. Denn eine erfolgreiche, progressive, feministische Erziehung würde ihn zwar zum Porno- und Puffverweigerer, aber eine ökofeministische auch zum Vaterschaftsverweigerer machen – und welche Frau würde sich dann in Zeiten des Mega-Backlashs noch für den armen Kerl interessieren? Da mir aber auch und in erster Linie die Tiere leid tun, die unseretwegen mehr und mehr aussterben, ist die einzig vernünftige Konsequenz, sich nicht fortzupflanzen und damit ein Zeichen zu setzen. Diese Welt braucht kein weiteres Kind. Und kein (potenzielles) Kind verdient, dass ich meine hart erkämpfte Freiheit aufgebe, um mich auf Jahre in starke Abhängigkeiten unterschiedlichster Art zu begeben. Denn ich bin gegen alles, was Frauen klein macht und auf ihren Körper reduziert. Ob es sich um Pornografie handelt oder um Mutterschaft – Leib und Seele der Frau leiden und das sollte man vermeiden … Um mit Janice Raymond auch zu schließen: Frauen sind *per se* wertvoll, nicht erst als Brüterin.[3]

Liebe Nicht-Eltern, dies geht an euch: Kinderfreie Leute haben glücklichere Beziehungen, sind insgesamt glücklicher und sogar weniger oft depressiv. Kein Wunder, immerhin hat man Zeit und Kraft, nicht nur die eigene Liebesbeziehung zu pflegen, sondern auch andere, echte Beziehungen zwischen Erwachsenen, die eine hohe Qualität aufweisen. Viele Eltern berichten nicht nur davon, dass ihr Liebesleben plötzlich einem Biologie-Experiment ähnelte, um schwanger zu werden, sondern auch davon, dass es nach der Geburt nicht mehr so richtig existierte. Auf die finanziellen Vorteile muss nicht noch einmal eingegangen werden. Gerade als Frau muss man nicht auf dem Teilzeit-Abstellgleis herumhängen, sondern kann eine Karriere verfolgen, die diese Bezeichnung auch verdient. Mit allem, was dazu gehört. Als Nicht-Mutter hat man mehr Zeit, um beispielsweise Sprachen zu lernen, wozu man sonst einfach weder Zeit noch Nerven noch »den Kopf« hätte. Das wiederum kann einem nicht nur im Job oft erstaunlich viel helfen, sondern eröffnet auch insgesamt Welten, die einem sonst verschlossen bleiben würden – und selbst, wenn es nur das Lesen eines tollen Buchs in der Originalsprache ist – ein ästhetischer und manchmal intellektuelles Neuland erschließender Genuss, der seinesgleichen sucht.

Apropos ästhetischer Genuss – dieser Punkt sollte nicht komplett vernachlässigt werden. Es ist eine Tatsache, dass sich auch die Seele wohler fühlt, wenn man die Augen nicht auf Bergen von noch zu waschenden Kinderklamotten und grellbuntem Plastikspielzeug, das überall herumliegt, ruhen lassen muss, sondern auf schönen, vielleicht sogar zerbrechlichen Gegenständen (die ja dann auch keiner kaputtmacht). Dass die Behausung nicht so oft mit dem Dampfstrahler gereinigt werden muss, wie wenn Kinder darin wohnen, versteht sich von selbst. Wenn man von der Arbeit nach Hause kommt, erwartet einen eine ruhige, gepflegte Oase der Regeneration (außer man war so ungeschickt, unter einer Familie einzuziehen) – und kein Chaos. Man spart sich außerdem die Aufrüstung der Immobilie mit extra Geländern und allen anderen möglichen Sachen. Auch im Garten (falls vorhanden) gilt: Kinderfrei kann man sich richtig ausleben in Sachen Teiche, abschüssiger kleiner Hänge (ungesichert!) und anderer »Hindernisse«. Dafür spart man sich die alles entstellenden, teilweise wirklich nur noch grotesken Verhaue bestehend aus Schaukel, Rutsche usw. Da gibt es Reihenhaussiedlungen, deren uniformierte, handtuchgroße Gärten allesamt diese abartigen Aufbauten enthalten! Offenbar braucht jedes einzelne Kind so etwas.

Man spart sich auch viel Energie, da man nicht ständig jemanden erziehen muss (auch wenn es, wie dargelegt, genug Eltern gibt, die sich diese Mühe auch einfach nicht mehr machen) und auch nie fremdverschuldet übernächtigt durch den Tag geistern muss. Diese Energie kann man außer in kulturelle Erlebnisse und Ehrenämter auch in weitere Dinge stecken, die einen persönlich weiterbringen und befriedigen, was ja unabdinglich ist für eine gesunde Identität. Wer genügend Entwicklungsraum hat, ist ausgeglichener und kann sich auch ungestört seinem Sportprogramm und seiner Körperpflege widmen sowie den Dingen, die momentan in der Welt vor sich gehen. So bleiben kinderfreie Leute interessantere Gesprächspartner, weil sie in der Regel informierter sind und spannendere Dinge zu erzählen haben als das, worum es in der letzten Folge von *Angelina Ballerina* ging.

Kinderfreiheit bedeutet auch Reisefreiheit. Nicht nur ist man unabhängig von den Schulferien, man kann auch wirklich interessante Programme an wirklich interessanten Orten erleben (und muss nicht mit anderen genervten Eltern durch den Luna Park latschen, während man eigentlich lieber ganz woanders wäre.) Das Packen und die Fahrt – und nicht zuletzt der Urlaub selbst! – bleiben überschaubar und im zuletzt genannten Fall auch erholsam. Anders als bei vielen Müttern, die nach ihrer Rückkehr oft genug mit Sätzen gehört werden wie »So, jetzt wäre ein Urlaub recht!« oder »Bis ich die ganze Wäsche gewaschen habe, das dauert locker eine Woche!« Dass auch Väter zum Wäschewaschen in der Lage sind und gelegentlich – wenn auch zu selten – tun, soll damit nicht bestritten werden.

Ein weiterer Vorteil des kinderfreien Daseins ist die geringere Häufigkeit, mit der man sich Kinderkrankheiten, Infekte und Ähnliches einfängt. Man muss auch nicht bei jedem Verlassen des Hauses erst mal eine halbe Stunde den riesigen Kinderwagen packen – von der Vorbereitung des Kinds selbst ganz zu schweigen. Wie man hört, ist diesen oft nicht zu vermitteln, wieso sie beispielsweise heute eine Strumpfhose anziehen sollen und ähnliche Nervigkeiten, die zum ohnehin schon reichlichen Aufwand noch dazukommen. Aber auch die Freiheit zu Hause ist nicht hoch genug zu schätzen. Man kann spontan und flexibel sein! Und das ganz ohne komplexe Planungen. Man kann zudem seine Mahlzeiten genau dann einnehmen, wenn man Hunger hat – und das auch noch ungestört, da man nicht ständig aufspringen muss, um anderen etwas zu holen, das Kinn abzuwischen, Saft nachzuschenken und mehr. Wenn man sich entscheidet, ein Wochenende spontan in den Bergen zu verbringen, muss man keinen Transport zum Fußballspiel oder der Geburtstagsfeier organisieren. Unabhängigkeit, Selbstbestimmung und Autonomie – das kann man allerhöchstens als kinderfreie Person erreichen. Ebenso wie einen Rhythmus, der einem selbst passt – und der nicht von tausend äußeren Zwängen determiniert wird.

Dementsprechend muss man auch konstatieren, dass Kinderfreie nicht so schnell altern und weniger Falten bekommen, was wiederum mit dem reduzierten Stresspegel und Schlafentzug zu tun haben könnte. Man muss sich einfach weniger Sorgen machen! Kinderprobleme starten in der Pubertät ja auch erst so richtig, was oft vernachlässigt wird.

Um der Vollständigkeit halber auch die oberflächlichen Gründe nicht zu missachten: Da man nicht ständig Brei auf dem Oberteil hat, kann man sich auch feiner anziehen, ohne die Sachen nach drei Stunden schon wieder waschen zu müssen. Apropos Wäsche. Glaubt man Müttern (und haushaltsengagierten Vätern), so steht deren Waschmaschine keinen einzigen Tag still – und das ist in der Tat glaubwürdig. Wenn man als gut ausgebildete Frau lieber lebt wie seine eigene Urgroßmutter – bitteschön! Es ist ein Fakt, dass die Rollenverteilung in kinderfreie Ehen in der Regel egalitärer ist als in Beziehungen mit Kindern. So sind es wieder mal meistens die Mütter, die dann bei Play Dates herumsitzen und Zwangskonversation mit anderen Müttern machen (müssen), die man sich selbst nicht als Gefährtinnen ausgesucht hat.

Also, liebe Frauen, was darf es sein? Ein Leben wie seit Tausenden von Jahren, in Abhängigkeit von Mann und Kind(ern) mit Hausarbeit ohne Ende, chronischer Müdigkeit und Überlastung, wenig Geld und wenig Entfaltungsmöglichkeiten oder ein wunderschönes, freies, selbstbestimmtes Leben, vielleicht in einer profunden Beziehung, die auf Augenhöhe stattfindet, mit einer spannenden Karriere, vielen Interessen, echten Freundschaften und einem enorm hohen Beitrag zur Rettung des Planeten? Die Antwort liegt für mich auf der Hand. An den Schluss möchte ich hier einen Satz von Gloria Steinem stellen, die selbst nie bereut hat, sich gegen Kinder entschieden zu haben. Von ihr stammt das Diktum »When the pill came along, we were able to give birth – to ourselves«[4].

Literaturtipps

Benatar, David: *Better Never to Have Been.*

Burkett, Elinor: *The Baby Boon: How Family-Friendly America Cheats the Childless.*

Carroll, Laura: *The Baby Matrix.*

- Dies.: *Families of Two.*

Daly, Mary: *Gyn/Ecology – The Metaethics of Radical Feminism.*

Diamond, Jared: *Collapse.*

Diehl, Sarah: *Die Uhr, die nicht tickt. Kinderlos glücklich.*

Donath, Orna: *Regretting Motherhood.*

Fischer, Sarah: *Die Mutterglück-Lüge.*

Gläßel, Maria-Lena: *Werbeopfer Frau.*

Holmes, Melanie: *The Female Assumption: A Mother's Story.*

Huber, Nicole: *Kinderfrei: oder warum Menschen ohne Nachwuchs keine Sozialschmarotzer sind.*

Lymbery, Philip: *Farmageddon.*

Maier, Corinne: *No Kid. 40 Gründe, keine Kinder zu haben.*

Mantel, Henriette: *No Kidding.*

Mundlos, Christina: *Wenn Mutter sein nicht glücklich macht.*

- Dies.: *Mütterterror.*

Peck, Ellen: *The Baby Trap.*
Raymond, Janice: *Die Fortpflanzungsmafia.*
Shawne, Jennifer L.: *Baby Not on Board.*
Siegert, Sonja: *Ich will kein Kind. 13 Geschichten über eine unpopuläre Entscheidung.*
Singer, Peter: *Animal Liberation.*
- Ders.: *Practical Ethics.*
Walker, Ellen L.: *Complete Without Kids.*

Endnoten

Ouvertüre

1 Vgl. Barbara Vinken: *Die deutsche Mutter*. S. 217 ff.
2 Vgl. Tanja Dückers: *Die kinderlose Frau ist an allem schuld*. Zeit online, 4.12.2014.
3 Janice Raymond: *Die Fortpflanzungsmafia*. S. 31.
4 Dt.: Wenn ihr etwas wirklich »Empowerndes« machen wollt, wie wäre es mit etwas Unkonventionellem statt das zu tun, was die Gesellschaft von euch erwartet, weil ihr Frauen seid.
5 Wie der Feminismus die kinderlosen Frauen verriet.
6 Der Feminismus hinterlässt in seinem Kielwasser lauter unglückliche, unverheiratete, kinderlose Frauen.
7 David Benatar: *Better Never to Have Been*. S. 9.
8 Ebd. S. 12.
9 Ulrike Ackermann/Hans Jörg Schmidt (Hg.): *John Stuart Mill. Ausgewählte Werke, Band I: John Stuart Mill und Harriet Taylor: Freiheit und Gleichberechtigung*. Hamburg 2012.
10 Caitlin Moran: *How to Be a Woman*. S. 242. Dt: Babys aus der »Ersten Welt« fressen diesen Planeten auf wie Termiten.
11 Ebd. S. 45. Dt.: Wir brauchen mehr Frauen, die ihren Wert als Frauen unter Beweis stellen (dürfen) – und nicht nur ihre Fähigkeit, neue Leute zu produzieren.
12 Vgl. Melanie Notkin: *Single and Childfree: I Know What You're Thinking*. *Huffington Post*. 30.12.2012.
13 *Silent Culture War: Exposing Discrimination against Childfree People*, in: *Feminist Issues*, 12. Juli 2015. Dt.: Auch wenn nie darüber gesprochen wird, ist es [das Vorurteil gegenüber Kin-

derfreien] genauso real wie Rassismus, Homophobie, Misogynie oder jede andere Form der Diskriminierung.

14 Chaia Heller: *Take Back the Earth.* in: James P. Sterba (Hg.): *Earth Ethics: Environmental Ethics, Animal Rights, and Practical Applications.* S.352. Dt.: Tausende von Jahren hat das Patriarchat Krieg gegen die Frauen geführt, einen Krieg, in dem unsere Körper kontrolliert und unterjocht werden, qua Vergewaltigung, Schlägen, Zwangsmutterschaft und konditioniertem Selbsthass. Frauen wird exklusiv die Funktion zugesprochen, Männern sexuell Freude zu bereiten und die Reproduktion zu übernehmen. Frauen werden reduziert auf ihren Status als Instrumente zur Arbeit/Fortpflanzung (*labour*: Gebärvorgang; harte Arbeit).

1. Kinderfreiheit als bewusster, feministischer Akt

1 Christina Mundlos: *Wenn Mutter sein nicht glücklich macht.* Kapitel VI: »Kinderlose unter Druck« (S. 163 ff.).

2 Vgl. zum Beispiel Nicole Huber: *Kinderfrei oder Warum Menschen ohne Nachwuchs keine Sozialschmarotzer sind.* 2011.

3 David Benatar: *Better Never to Have Been.* S. 2. Dt.: Neue Menschen zu kreieren, indem man Kinder bekommt, ist so sehr Teil des Lebens, dass selten Leute glauben, sich dafür rechtfertigen zu müssen.

4 Ebd. Dt.: Man kann kein Kind um des Kindes willen haben. Das sollte klar sein, selbst für diejenigen, die meine härtere These ablehnen: dass man den Kindern nicht nur keinen Gefallen tut, indem man sie auf die Welt bringt, sondern ihnen immer Leid zufügt.

5 Vgl. ebd. S. 201–225.

6 Interview mit Sarah Diehl am 13.8.2017.

7 The Guardian: *Childless Couples Have Happier Marriages.* 13.1.2014.

8 Sarka Lisonkova (University of British Columbia) wertet mit ihrem Team Daten von mehr als 800.000 Schwangeren aus Washington aus (2003–2013).

9 Der Artikel bezieht sich hier auf die Studie von Breen TW,

Ransil BJ, Groves PA und Oriol NE: Factors Associated with Back Pain after Childbirth, *Anesthesiology*, Jg. 81, Nr. 1 (Juli 1994), S. 29–34; Abstract online verfügbar: https://www.ncbi.nlm.nih.gov/pubmed/8042807, letzter Zugriff: 27.9.2018.

10 Raymond: *Die Fortpflanzungsmafia*. S. 22.

11 Maria-Lena Gläßel: *Werbeopfer Frau*. S. 78.

12 Vgl. A. Lynn auf *Nerdy Feminist: Motherhood and Privilege*. 7.8.2010, online verfügbar: http://www.nerdyfeminist.com/2010/08/motherhood-and-privilege-true-case-of.html, letzter Zugriff: 6.12.2018.

13 Amy Blackstone und Mahala Dyer Stewart. 2016. *»There's More Thinking to Decide«: How the Childfree Decide Not to Parent*. In: *The Family Journal*, 24. Jg. (2016), Nr. 3, S. 296–303.

14 Raymond: *Die Fortpflanzungsmafia*. S. 74.

15 Ebd. S. 123.

16 Ebd. S. 12–111.

17 Ebd. S. 259.

18 Vgl. ebd. S. 154.

19 Vgl. Bascha Mika: *Die Feigheit der Frauen*. S. 116 ff.

20 Vgl. Adelheid Müller-Lissner: *Wenn Menschen lieber kinderlos bleiben. Der Tagesspiegel online*, 4.10.2010.

2. Kinderfreiheit in der Kultur

1 Siehe zu diesem Thema beispielsweise Claudia Wüstenhagen: Der Klang der Seele, *ZEIT Wissen*, Nr. 5/2013, online verfügbar unter: https://www.zeit.de/zeit-wissen/2013/05/stimme-charakter-launen-krankheiten, letzter Zugriff: 27.9.2018.

2 Mary Daly: *Gyn/Ecology*. S. 60. Dt.: Sie werden auf die Rolle als kontrollierter Container reduziert und später als Müll entsorgt.

3 Owen Jacques: *Mombies and ›Daddiot‹: The Rise of ›Child Free‹ Anger, Sunshine Coast Daily*, 14.8.2017. Dt.: Extremer Fall von Muttertier-Gehirn, wegen Erschöpfung und zu vieler in Isolation von anderen Erwachsenen verbrachten Tagen, in denen nur Baby-Sprache geredet wurde. – Dem kann man schlecht widersprechen.

4 *Vagabonding*.Net. 12/2013. Die Autorin ist nicht namentlich

genannt, outet sich aber als Lehrerin und vierfache Mutter. Dt.: Etwas als familienfreundlich zu bezeichnen, riecht nach unkontrollierten Kindern und Eltern, die sich nicht die Mühe machen (wollen), ihren Kindern beizubringen, wie man richtig mit der Welt in Kontakt tritt.

5 Jill Filipovic: *The Choice to Be Childfree is Admirable, Not Selfish.* (Ende des Artikels)

6 Michel Bussi: *Maman a tort.* S. 287/288.

7 Ebd. S. 293.

8 Ebd. S. 382. (Hervorhebung V. B.) Im frz. Original: »des secondes qui progressivement prennent la place de l'orgasme dans un couple. *Le remplacent.* Et les mamans rassurées vont le chercher auprès d'un autre homme. Et les papas parfaits trompent maman.«

9 Katherine Pancol: *Trois baisers.* S. 195. Im frz. Original: La famille est une création du dix-neuvième siècle qui ne sert qu'à corseter et culpabiliser les femmes. C'est une variante de l'esclavage.

10 Vgl. ebd. S. 26.

11 Vgl. ebd. S. 66.

12 Concita de Gregorio: *Cosa pensano le ragazze.* De Gregorio verwendet für die von ihr interviewten Frauen lediglich den Vornamen.

13 Vgl. ebd. S. 116.

3. Kinderfreiheit der Umwelt zuliebe

1 David Benatar: *Better Never to Have Been.* S. 195. Dt.: Obwohl es jetzt schlecht aussieht, wird es mal besser sein, selbst wenn es davor noch schlimmer wird, wegen der Herstellung neuer Menschen.

2 Vgl. Charles C. Mann: *Can Planet Earth Feed 10 Billion People? The Atlantic* online, 24.1.2017.

3 Siehe beispielsweise das Manifest der Gruppe auf https://grist.org/article/2010-03-30-gink-manifesto-say-it-loud-im-child free-and-im-proud/, letzter Zugriff: 6.12.2018.

4 Tobias Haberkorn: *Wer nicht geboren wird, hat keine Probleme. Zeit online*, 15.4.2018,

5 Es gibt auch ein Buch von Henriette Mantel mit eben diesem Titel: *No Kidding. Women Writers on Bypassing Parenthood.* 2013. Es sammelt lustige Geschichten von und mit Frauen, die sich für den kinderfreien Lebensstil entschieden haben.

6 Die offenkundige Verbindung zwischen Klima und Familienplanung – und warum wir nicht darüber reden: Pronatalistische Politik ist immer dann en vogue, wenn die Führer sich bedroht fühlen – durch die wirtschaftliche oder militärische Stärke eines Nachbarn.

7 Vgl. Benatar: *Better Never to Have Been.* S. 182. Dt.: Meine Antwort auf die Frage Wie viele Menschen sollte es geben? ist Null. Also, ich glaube nicht, dass es jemals Leute hätte geben sollen. Aber da welche da waren, finde ich nicht, dass es noch mehr braucht. Aber diese Null-Antwort ist wie gesagt eine Idealantwort.

8 Ebd. S. 200. (Hervorheb. V. B.) Dt.: Es ist also auffallend, dass die Besorgnis, es werde mal keine Menschen mehr geben, entweder ein Symptom der menschlichen Arroganz ist, dass unsere Anwesenheit die Welt zu einem besseren Ort macht, oder einfach fehlgeleiteter Sentimentalismus.

9 Ebd. S. 128. Dt.: In anderen Worten stellen meine Argumente eine Kampfansage an die Reproduktionsmedizin dar und an diejenigen, welche diese ausüben. Spezifischer gesagt wird dadurch klar, dass es falsch ist, jemanden darin zu unterstützen, Leid zu verursachen, indem man jemand Neuen auf die Welt bringt.

10 Über die drastischen Folgen des überhöhten Fleischkonsums vgl. auch Isabel Oakeshott und Philip Lymbery: *Farmageddon.*

11 Vgl. David Benatar: *Better Never to Have Been.* Auch E. M. Cioran schrieb lesenswerte Werke, die inhaltlich in diese Richtung gehen.

12 David Benatar: *Better Never to Have Been.* S. 50. Dt.: Da alle Existierenden leiden, verursacht Fortpflanzung immer Leid.

13 Vgl. ebd. S. 64–67.

14 Ebd. S. 162. Dt.: Jedes Jahr verursachen Menschen Leid für Milliarden von Tieren, die gezüchtet werden für unsere Nahrung, andere Annehmlichkeiten oder Forschungszwecke. Dann schadet man den Tieren, deren Lebensraum von den Menschen zerstört wird, das Leid, das man ihnen durch Luft-

und Umweltverschmutzung zufügt und das zusätzliche Leid aus purer Boshaftigkeit.

15 Ebd. S. 224. Dt.: Während eine legale Freie-Wahl-Position nicht einen Lebensschützer zur Abtreibung zwingt (es gibt ja eben die freie Wahl), zwingt der Lebensschützer die Frau, die gern die freie Wahl hätte, keine Abtreibung zu haben.

16 Vgl. ebd. S. 98.

17 Lisa Kemmerer: *Sister Species*. S. 18. Dt.: Frauen und nichtmenschliche Tiere werden wegen ihrer Reproduktionsfähigkeiten ausgebeutet, beide werden abgewertet, wenn sie alt und schlapp werden.

18 Ebd. S. 19. Dt.: Weibliche Wesen – Schweine, Kühe, Hühner, Frauen – leiden wegen ihres Geschlechts in der westlichen patriarchalen Kultur, wo weibliche Körper als Sexsymbole ausgebeutet werden und als Reproduktionswesen, wegen ihrer Milch und oder ihrer Eier.

19 Ebd. Dt.: ausbeuterische Sicht von Frauen als Gebärenden, was Altern und die Menopause problematisch und unattraktiv macht.

20 Ebd. S. 170. (Hervorheb. V.B.) Dt.: Ist es klug, ein Kind in diese absteigende Welt zu bringen? Ich habe es satt zu hören: Mein Baby könnte mal die Welt ändern! Schwachsinn. Es gibt schon genug gute Menschen, die sich darum bemühen, aber es gibt zu viele Leute, die nur konsumieren, Ressourcen vergeuden, leben ohne Sinn und Verstand. Ein Kind in diese Welt zu bringen ist egoistisch, gefährlich und komplett verantwortungslos.

4. Manifest

1 Elisabeth Bronfen: *Liebestod und Femme fatale*. S. 70.

2 Raymond: *Die Fortpflanzungsmafia*. S. 158.

3 Vgl. ebd. S. 265.

4 Dt.: Als die Pille des Weges kam, setzte sie uns in die Lage zu gebären – und zwar uns selbst.